RCEP视野下的
内陆开放理论
与
实践研究

丁 英 / 著

西南财经大学出版社

中国·成都

图书在版编目(CIP)数据

RCEP 视野下的内陆开放理论与实践研究/丁英著.

成都:西南财经大学出版社,2024.11.--ISBN 978-7-5504-6496-4

Ⅰ.F127

中国国家版本馆 CIP 数据核字第 2024669UD9 号

RCEP 视野下的内陆开放理论与实践研究

RCEP SHIYE XIA DE NEILU KAIFANG LILUN YU SHIJIAN YANJIU

丁 英 著

责任编辑:李 琼
助理编辑:马安妮
责任校对:李思嘉
封面设计:墨创文化
责任印制:朱曼丽

出版发行	西南财经大学出版社(四川省成都市光华村街55号)
网 址	http://cbs.swufe.edu.cn
电子邮件	bookcj@swufe.edu.cn
邮政编码	610074
电 话	028-87353785
照 排	四川胜翔数码印务设计有限公司
印 刷	四川五洲彩印有限责任公司
成品尺寸	170 mm×240 mm
印 张	10.75
字 数	183 千字
版 次	2024 年 11 月第 1 版
印 次	2024 年 11 月第 1 次印刷
书 号	ISBN 978-7-5504-6496-4
定 价	68.00 元

序

党的十一届三中全会以后，中国进入开创和发展中国特色社会主义的新的历史时期。在探索中国特色社会主义建设和发展的历史进程中，我们始终坚持改革开放这一社会主义现代化建设的总方针、总政策，经过40余载的努力，我国经济建设取得巨大成就，2010年我国国内生产总值超越日本，自此成为全球第二大经济体，2012年我国人均GDP达到6 100美元，综合国力得到极大提升，成功跻身中等收入国家行列，实现了中华民族由站起来到富起来的历史性跨越，由此，中国特色社会主义进入新时代。到中国共产党成立100周年时，我们完成了脱贫攻坚、全面建成小康社会的历史任务，实现了第一个百年奋斗目标，进入全面建设社会主义现代化国家的新阶段。党的二十大报告明确指出，新时代新征程，"中国共产党的中心任务就是团结带领全国各族人民全面建成社会主义现代化强国、实现第二个百年奋斗目标，以中国式现代化全面推进中华民族伟大复兴"。实现"从二○二○年到二○三五年基本实现社会主义现代化；从二○三五年到本世纪中叶把我国建成富强民主文明和谐美丽的社会主义现代化强国"的第二个百年奋斗目标，必须完整、准确、全面贯彻新发展理念，着力推动高质量发展。在新发展理念中，开放发展作为重要组成部分，既是改革开放以来我国经济建设取得举世瞩目巨大成就的重要法宝，也是我国全面建设社会主义现代化国家新征程中必须始终遵循和贯彻落实的科学发展理念。推进高质量发展，全面建设社会主义现代化国家，必须坚持全面深化改革开放，在深入推进制度创新、努力构建高水平社会主义市场经济体制的同时，坚定不移地扩大开放，着力推进高水平对外开放。

改革开放以来，我国内陆地区与沿海地区一道，抓住改革开放带来的重要发展机遇，在大力进行对内改革、制度创新以促进生产力发展的同时，大力发展对外贸易，积极引进利用外资，利用国内国际两个市场、两种资源推进开放发展，促进经济高速增长、迅速发展，经济建设成效显著，成绩斐然。然而，与沿海沿边地区相比，我国内陆地区开放发展在区位方面先天不具优势，受地理位置等自然条件以及历史文化等多方面因素的影响，内陆地区开放水平总体低于沿海发达地区，这是内陆地区经济发展水平低于沿海地区的重要原因。在全面建设社会主义现代化国家的新征程中，全面贯彻落实新发展理念，加快形成内陆地区与沿海发达地区协调发展新局面，迫切需要我国内陆地区全面贯彻落实新发展理念，加快开放步伐，提高开放水平，以高水平对外开放推进高质量发展，促进经济加速发展、持续健康发展。

同时，随着国内国际局势的变化发展，我国内陆地区开放发展具有诸多有利条件和发展机遇。一方面，内陆地区具有自身的资源禀赋比较优势、产业比较优势、国际贸易比较优势等。另一方面，内陆地区开放发展面临重大机遇，包括内部和外部两方面机遇。从国内看，推动内陆地区高水平开放是党中央重要战略部署，党中央、国务院从战略高度对内陆地区开放发展作出了一系列安排部署，这不仅为内陆地区扩大开放规模、实现高水平开放带来良好发展机遇，而且可以为内陆地区开放发展带来多方面有利条件；从国际上看，2022 年 1 月 1 日起，《区域全面经济伙伴关系协定》（RCEP）开始生效运行，这为内陆地区开放发展带来了崭新的国际机遇。

抓住国内国际发展机遇，在发挥内陆地区比较优势的基础上加快内陆地区开放步伐、提高内陆地区开放水平是新时代全面贯彻新发展理念的必然要求，是促进内陆地区经济社会发展的迫切需要，是实现第二个百年奋斗目标、全面建成社会主义现代化强国的重要内容。全面推进内陆地区开放发展，需要在明确相关理论以及内陆地区开放发展实际的基础上，明确新时代内陆地区开放发展思路和发展路径。为此，本书循着现状、问题、机遇、挑战、对策的思路，在对我国内陆地区开放发展情况进行调查研究的基础上，综合运用文献分析法、实证研究法、比较分析法等研究方法，对我国内陆地区开放发展的理论和实践展开研究。本书以 RCEP 视野和构建国内国际双循环相互促进的新发展格局为研究背景，分析研究我国内陆地区的开放现状，从中总结开放发展经验并发现问题、探寻面临的挑战，进而有针对性地提出应对策略，力图形成具有比较优势和地方特色的内陆地区开放战略、开放发展路径以及开放发展的长效性保障制度。

具体而言，本书主要围绕以下内容展开分析。首先，本书在明确我国内陆地区范围、边界的前提下，对开放发展的相关概念进行界定，对相关理论和既有研究进行梳理、述评，对我国内陆地区开放发展的历程、现状和开放发展面临的问题进行分析。其次，本书分析了我国内陆地区开放发展的机遇，重点分析 RCEP 给我国内陆地区开放发展带来的机遇，为内陆地区抓住机遇、成功应对开放发展挑战奠定基础。再次，本书对国内外有代表性的内陆地区开放发展经验进行分析研究，从而为我国内陆地区开放发展提供有益经验，以促进我国内陆地区加快开放发展、实现高水平开放。最后，在前述研究的基础上，本书提出了具有针对性的我国内陆地区的开放发展路径，以及促进我国内陆地区高水平开放的制度设计。四川、重庆是我国内陆省份的典型，在内陆地区开放发展中具有代表意义，为此，本书还聚焦四川、重庆两个典型内陆省份的开放发展实际，运用 RCEP 视野下的内陆开放理论与实践探索结果，提出了推进川渝地区进一步扩大开放、实现高水平开放的具有针对性、可行性的对策建议。

丁英

2024 年 6 月

目　录

第一章 绪论

当前，我国进入了新发展阶段。党的二十大报告明确指出，新的历史时期党的中心任务是"团结带领全国各族人民全面建成社会主义现代化强国、实现第二个百年奋斗目标，以中国式现代化全面推进中华民族伟大复兴"。要实现到二〇三五年基本实现社会主义现代化、到本世纪中叶把我国建成富强民主文明和谐美丽的社会主义现代化强国的第二个百年奋斗目标，必须完整准确全面贯彻创新、协调、绿色、开放、共享的新发展理念。全面贯彻新发展理念，加快构建以国内大循环为主体、国内国际双循环相互促进的新发展格局，是实现我国"十四五"规划目标任务和到二〇三五年基本实现社会主义现代化、到本世纪中叶把我国建设成为社会主义现代化强国的必然要求。新发展理念是确保我国经济高质量发展、经济社会持续健康发展的科学发展理念，是我国进入新发展阶段必须贯穿发展全过程和各领域的科学发展理念。开放发展作为新发展理念的重要组成部分，既是改革开放以来我国经济建设取得举世瞩目巨大成就的重要法宝，也是"十四五"时期我国全面建设社会主义现代化国家新征程中必须始终遵循和贯彻落实的科学发展理念。党的二十大报告指出，未来五年是全面建设社会主义现代化国家开局起步的关键时期，经济高质量发展取得新突破、改革开放迈出新步伐是这一时期主要目标任务的重要组成部分。持续推进经济高质量发展，全面建设社会主义现代化国家，需要坚持深化改革开放，在深入推进改革创新的同时坚定不移地扩大开放，推进高水平对外开放。

改革开放以来，我国沿海沿边及内陆地区抓住机遇，坚持开放发展，由此促进经济高速增长、迅速发展。然而，由于地理位置、历史因素等，我国内陆地区的开放水平总体不及沿海地区。在全面建设社会主义现代化国家的新征程中，我国内陆省份要适应国际国内新形势、新变化，加快构建以国内大循环为主体、国内国际双循环相互促进的新发展格局，加快经济发展步伐。促进内陆地区与沿海发达地区协调发展，迫切需要提高内陆地区开放水平，高标准、高质量打造内陆开放高地。在这种背景下，厘清内陆地区开放的理论依据和基本思路，总结内陆省份开放发展实践，认清内陆地区开放发展现状和面临的困难、问题，探索内陆地区开放发展的路径和相关制度安排，就成为具有重要理论价值和实践意义的研究课题。

一、研究缘起

内陆地区是指位于大陆腹地、不沿边、不靠海、远离海岸线和边境线的地区。在我国，内陆地区主要包括山西省、河南省、安徽省、陕西省、甘肃省、宁夏回族自治区、青海省、四川省、重庆市、湖南省、湖北省、江西省、贵州省 13 个省份。本书以这 13 个内陆省份为研究范围，研究我国内陆地区开放发展的理论与实践。

开放发展是一个国家、一个地区经济增长的重要引擎，是经济发展的重要推进器。对我国内陆地区而言，为了促进经济持续稳定增长，推动经济高质量发展，与全国同步推进社会主义现代化国家建设，迫切需要其在积极融入并着力推动国内大循环的同时，根据自身实际情况坚定不移扩大开放，加快开放发展步伐，扩大开放规模，着力推进高水平对外开放，提高开放水平，打造内陆开放型经济新高地。然而，与沿海沿边地区相比，我国内陆地区开放发展相对滞后，加快构建以国内大循环为主体、国内国际双循环相互促进的新发展格局，迫切需要内陆地区加大开放力度，提高开放水平，实现高水平、高质量的开放。与此同时，当前我国内陆地区开放面临着有利的国内环境和国际机遇。在这种情况下，解析内陆地区开放发展面临的机遇和挑战，分析研究内陆地区开放发展的现状，探寻促进内陆地区高水平开放的路径选择和制度设计就成为重要的研究课题。

（一）内陆开放是全面建设社会主义现代化国家的需要

内陆地区是相对于沿海地区和沿边地区而言的，本书中的"内陆地区"包括我国 13 个位于大陆腹地、既不沿边也不靠海、远离海岸线和边境线的内陆省份。改革开放以来的很长一段时间，在改革创新和对内对外开放的推动下，我国经济持续高速增长，经济总量持续增加，2010 年我国经济总量跃居世界第二，自此我国成为全球第二大经济体。然而，在全国经济持续增长且稳步发展的同时，我国发展不平衡不充分的问题仍然突出，地区间经济发展仍然存在差距，既存在中部、西部地区与沿海发达地区之间的差距，也存在内陆地区与沿海沿边地区之间的差距。对我国内陆省份而言，为了加快经济发展步伐，着力推动经济高质量发展，与全国同步实现"十四五"规划的目标任务和全面建设社会主义现代化国家的远景目标，充分发挥在以国内大循环为主体、国内国际双循环相互促进的新发展格局中的应有作用，迫切需要各内陆省份在努力增加投资、消费以促进经济增长的同时，坚定不移扩大开放，着力推进高水平对外开放，并通过高水平对外开放打造内陆开放型经济新高地。

1. 内陆高水平对外开放是国家经济发展战略的需要

内陆开放是我国整体开放的重要组成部分。加快内陆地区开放步伐、提高内陆地区开放水平，既是践行新发展理念、促进经济开放发展和区域经济协调发展的必然要求，也是加快构建以国内大循环为主体、国内国际双循环相互促进的新发展格局的必然要求。

为推动经济高质量发展，以及我国"十四五"规划目标和全面建设社会主义现代化国家远景目标顺利实现，国家正在大力实施长江经济带发展战略、西部大开发战略和成渝地区双城经济圈建设战略等重要发展战略。从区域角度看，内陆地区不少省份分别是这些重大国家发展战略的重要组成部分。根据《长江经济带发展规划纲要》，安徽、江西、湖北、湖南、重庆、四川和贵州是长江经济带"一轴、两翼、三极、多点"发展新格局的重要组成部分；在西部大开发战略中，重庆、四川、贵州、陕西、甘肃、青海和宁夏等内陆省份是新时代推进西部大开发形成新格局的重要覆盖区域，其中，重庆、四川和陕西更被赋予了"打造内陆开放高地和开发开放枢纽"的重要使命；在成渝地区双城经济圈建设战略部署中，重庆和四川被赋予了"形成西部高质量发展重要增长极"的重要使命。

一系列重大国家发展战略均要求内陆地区跟上全国发展步伐，推动经济高质量发展，与沿海沿边地区协同发展、协调发展。推动新时代内陆地区经济高质量发展需要坚定不移扩大开放，着力推进高水平对外开放，只有通过高水平对外开放促进内陆地区各种资源、要素在全国和全球范围内优化配置，才能促进内陆地区经济高质量、高效率、可持续地发展，从而保证国家一系列重大经济发展战略有效实施，经济发展战略目标顺利实现。

2. 内陆高水平开放是构建以国内大循环为主体、国内国际双循环相互促进的新发展格局的必然要求

为适应我国经济由高速增长阶段转向高质量发展阶段的特征和社会主要矛盾的变化，应对复杂多变的国际形势，重塑我国国际经济合作和竞争新优势，推动经济高质量发展，党中央审时度势，准确把握新时代我国经济发展规律和经济发展趋势，作出加快构建以国内大循环为主体、国内国际双循环相互促进的新发展格局的重大战略部署。作为实现经济高质量发展的总纲领，加快构建以国内大循环为主体、国内国际双循环相互促进的新发展格局成为新时代我国全面深化改革的重要任务。

加快构建以国内大循环为主体、国内国际双循环相互促进的新发展格局，一方面需要继续深化社会主义市场经济体制改革，进一步完善社会主义市场经济体制；另一方面需要着力提高开放水平，实现高质量、高水平的开放。《中共中央 国务院关于新时代加快完善社会主义市场经济体制的意见》指出，要推动由商品和要素流动型开放向规则等制度型开放转变，吸收借鉴国际成熟市场经济制度经验和人类文明有益成果，加快国内制度规则与国际接轨，以高水平开放促进深层次市场化改革。党的二十大报告将"改革开放迈出新步伐，国家治理体系和治理能力现代化深入推进，社会主义市场经济体制更加完善，更高水平开放型经济新体制基本形成"作为未来五年我国全面建设社会主义现代化国家的主要目标任务。

构建以国内大循环为主体、国内国际双循环相互促进的新发展格局，首先需要深化社会主义市场经济体制改革，稳步扩大规则、规制、管理、标准等制度型开放，加快国内制度与国际接轨，清扫阻碍经济高质量发展的制度性障碍，解决要素流动不畅、市场激励不足、微观经济活力不强和资源配置效率不高等问题，促进商品和要素在与国际接轨的规则、制度框架下高效有序流动，实现资源高效优化配置。其次，需要加大开放力度并着力提高开放水平，通过高质量、高水平开放促进国内深层次市场化改革，使社会主义市场经济体制更加完善、更高水平的开放型经济新体制基本形成，使高层次、高水平的国际外循环联动经济内循环，形成内外联动、相互促进的新发展格局，以推进中国经济更高质量、更有效率、更加公平、更可持续、更为安全发展，更好地实现"十四五"规划目标任务和全面建设社会主义现代化国家的奋斗目标。

构建以国内大循环为主体、国内国际双循环相互促进的新发展格局，

需要扩大高水平开放。坚定不移扩大开放、坚持高水平开放是党的二十大提出的重要目标任务，它要求我国包括沿海沿边地区和内陆地区在内的各个地区进一步加大开放力度，提升开放水平，提高开放质量。对开放步伐相对较慢、开放水平相对较低的内陆地区而言，扩大高水平开放更需要奋发努力，加快开放步伐，着力提高开放水平和开放质量。在我国34个省级行政区中，有13个省份位于不沿海不沿边的内陆腹地。与沿海沿边地区相比，我国内陆地区在地理位置上相对远离国际市场，在对外经济贸易合作方面，内陆地区无论是资金、技术、人才、信息还是交通运输成本都处于相对劣势，再加上我国对外开放首先从沿海沿边地区开始等历史原因，内陆地区开放发展起步相对较晚，开放发展的规模、水平都明显滞后于沿海沿边地区特别是沿海发达地区。因此，在加快构建以国内大循环为主体、国内国际双循环相互促进的新发展格局的战略背景下，内陆地区必须加快开放步伐，着力扩大开放领域和开放规模，同时着力提高开放质量和开放水平，只有这样才能推进内陆地区的高水平开放，提升全国整体开放质量和开放水平，并由此推动我国深层次市场化改革，促进社会主义市场经济体制更加完善，推动更高水平开放型经济新体制基本形成。

3. 内陆高水平开放是经济协调发展的内在要求

改革开放以来，我国创造了经济飞速发展的世界奇迹，经济总量持续增加，从2010年成为世界第二大经济体开始，我国经济总量已连续10余年稳居世界第二。然而，在经济持续快速增长的同时，经济发展不平衡、不协调的问题仍然存在，其中，区域经济发展不平衡、不协调是新时代全面建设社会主义现代化国家新征程中需要着力解决的重要问题之一。

在我国，区域经济发展不平衡表现在多个方面，除东部、中部和西部地区经济发展不平衡，各省份内部各地区经济发展不平衡等问题外，还表现在内陆地区与沿海地区之间经济发展差距较大等方面[①]。

在我国发展阶段和社会主要矛盾发生转变的背景下，全面建设社会主义现代化国家，必须完整准确全面贯彻落实包括"协调发展"在内的新发展理念，其中，促进区域经济协调发展是落实新发展理念中的"协调发展"的题中应有之义。鉴于内陆地区与沿海地区相比经济发展水平较低的现实情况，促进区域经济协调发展，需要大力推进内陆地区经济高效率增

---

① 石碧华.区域经济发展70年的回顾与展望［N］.经济日报，2019-10-17（16）.

长、高质量发展。开放发展是经济增长、经济发展的重要推进器，促进内陆地区经济高效率增长、高质量发展，除了需要通过深化改革激发经济增长活力、增强高质量发展动力外，还需要依托开放合作提升内陆地区经济发展速度与水平，通过打造内陆开放新高地提高内陆地区开放水平和开放质量，通过高水平开放有效带动内陆地区经济更高效率、更高质量、更可持续地发展，从而逐渐缩小内陆地区与沿海沿边地区特别是沿海发达地区的经济发展差距，使内陆地区与沿海沿边地区经济协调发展，最终促进未来五年经济社会发展目标任务和全面建设社会主义现代化国家远景目标顺利实现。

（二）内陆地区开放发展具备有利的国内国际条件和机遇

内陆地区扩大开放、推进高水平开放是实施国家重大经济发展战略，构建以国内大循环为主体、国内国际双循环相互促进的新发展格局以及区域经济协调发展的必然要求，是加快内陆地区经济发展、实现未来我国经济社会发展目标任务的需要。与此同时，目前内陆地区开放发展也具有有利的国内国际环境。推动内陆地区高水平开放，既有国家层面的战略部署，具有有利的国内环境，又有有利的国际环境和重要机遇。

1. 推动内陆地区高水平开放是党中央的重要战略部署

出于我国经济发展战略的考虑，为推动经济高质量发展，推进我国"十四五"规划顺利实施，促进全面建设社会主义现代化国家宏伟目标实现，党中央、国务院审时度势，非常重视我国内陆地区的开放发展，对促进我国内陆地区开放发展作出一系列安排部署。

近年来，中央明确提出通过培育、打造内陆开放高地和开发开放枢纽以推动内陆地区开发开放的内陆开放发展思路和战略部署。2020 年 11 月，习近平总书记在主持召开的全面推动长江经济带发展座谈会上明确提出，"要统筹沿海沿江沿边和内陆开放，加快培育更多内陆开放高地"①。同年，《中共中央 国务院关于新时代推进西部大开发形成新格局的指导意见》提出"支持重庆、四川、陕西发挥综合优势，打造内陆开放高地和开发开放

---

① 央视网. 习近平在全面推动长江经济带发展座谈会上强调 贯彻落实党的十九届五中全会精神 推动长江经济带高质量发展[EB/OL].（2020-11-16）[2023-11-30].https://news.youth.cn/sz/202011/t20201115_12575698.htm.

枢纽"的内陆开放发展部署①。

在成渝地区双城经济圈建设战略中，党中央对深处内陆腹地的四川、重庆的开放发展作出明确安排和部署。按照《成渝地区双城经济圈建设规划纲要》②（以下简称"规划"），党中央、国务院对纳入规划范围的四川省和重庆市的相应市县（区）赋予了"联手打造内陆改革开放高地"的重要使命，要求这些内陆地区"以共建'一带一路'为引领，打造陆海互济、四向拓展、综合立体的国际大通道，加快建设内陆开放枢纽，深入推进制度型开放，聚焦要素市场化配置等关键领域，深化综合配套改革试验，全面提升市场活力"。围绕成渝地区双城经济圈建设，规划对成渝地区加快构建对外开放大通道、高水平推进开放平台建设、加强国内区域合作、营造一流营商环境、增强市场主体活力、探索经济区与行政区适度分离改革等打造内陆改革开放高地的建设内容作出了具体的安排部署。

党中央、国务院对内陆地区开放发展的一系列安排部署，为内陆地区扩大开放规模、提高开放水平、实现高水平开放带来了开放通道建设、开放平台打造、开放制度设计以及营商环境优化等方面的有利条件，对内陆地区打造高水平开放新高地、扩大开放和实现高水平开放起到重大推动作用。

2. RCEP 为内陆地区开放发展带来崭新机遇

从国际上看，现阶段我国内陆地区开放发展的机遇与挑战并存。当前，新一轮科技革命和产业变革蓬勃兴起且深入发展，在带来生产力极大跃升的同时，也带来前所未有的国际经济领域的激烈竞争，由此推动世界经济结构、产业结构和国际分工发生深刻变革；同时，2020年初开始的新型冠状病毒感染疫情全球大流行使世界百年未有之大变局加速演进，世纪疫情影响深远，给国际贸易、国际投资带来巨大冲击；经济全球化遭遇逆流，逆全球化思潮抬头，单边主义、贸易保护主义的势头明显上升，国际贸易摩擦、冲突加剧，世界经济复苏乏力；等等。这些新情况、新变化构成我国内陆地区建设开放新高地、形成高水平开放新局面的外部挑战。

在面临复杂的国际经济局势挑战的同时，我国内陆地区开放也具有重

① 中国政府网. 中共中央 国务院关于新时代推进西部大开发形成新格局的指导意见[EB/OL].（2020-05-17）[2023-11-30].https://www.gov.cn/gongbao/content/2020/content_5515272.htm.

② 新华社. 中共中央 国务院印发《成渝地区双城经济圈建设规划纲要》[EB/OL].（2021-10-21）[2023-11-30].https://www.gov.cn/zhengce/2021/10/21/content_5643875.htm.

要的利好机遇。2020 年 11 月 15 日，《区域全面经济伙伴关系协定》（Regional Comprehensive Economic Partnership，RCEP）① 正式签订后，中国快速完成 RCEP 核准程序，并于 2021 年 4 月 15 日向东盟秘书长正式交存《区域全面经济伙伴关系协定》核准书②。与此同时，RCEP 其他成员国也抓紧推进协定的核准生效工作，积极推动该协定生效运转。RCEP 的正式签署，标志着世界上人口最多、经济和贸易规模最大、最具发展潜力的自由贸易区正式形成③。2022 年 1 月 1 日起，《区域全面经济伙伴关系协定》开始生效运行。

《区域全面经济伙伴关系协定》的签署和生效运转，虽然会使我国内陆省份的对外贸易、国际资本流动等面临来自 RCEP 其他成员国的竞争，使其对外开放发展面临一定挑战，但它给内陆省份加快开放发展步伐、加快建设内陆开放新高地、推进高水平开放带来了重要发展机遇。RCEP 的签订和生效将会有效消除或降低我国与 RCEP 其他成员国之间的贸易壁垒，减少甚至消除我国与 RCEP 其他成员国的贸易与投资障碍，促进我国与 RCEP 其他成员国的开放合作。对于我国内陆地区而言，紧抓 RCEP 签订生效的重要机遇，利用全球产业链和价值链重构、我国沿海沿边地区产业转型升级的有利时机，充分发挥内陆地区优势，在借鉴国内外开放发展有益经验的基础上，根据内陆地区实际找到破解内陆地区开放发展障碍的有效途径，通过与我国沿海沿边省份的协同合作，加速推进内陆地区与 RCEP 其他成员国的开放合作，是破解内陆地区打造内陆开放新高地瓶颈和障碍、推进高水平开放的关键环节，是内陆地区与全国同步加快构建以国内大循环为主体、国内国际双循环相互促进的新发展格局，以及实现高水平开放的关键之举。

按照党中央、国务院部署，近年来我国内陆省份坚持走全域开放之路，经济总体保持平稳较快增长，经济结构持续优化，开放型经济建设初

---

① 该协定于 2012 年由东盟发起，历经 8 年、经过 31 轮正式谈判，有东盟 10 国和中国、日本、韩国、澳大利亚、新西兰共 15 个亚太国家参与。

② 商务部新闻办公室. 中国向东盟秘书长正式交存《区域全面经济伙伴关系协定》（RCEP）核准书［EB/OL］.（2021-04-16）［2023-11-30］. http://www.mofcom.gov.cn/article/news/202104/20210403053096.shtml? ivk_sa=1024320u.

③ 联合网. 毛方国委员建议：抢抓 RCEP 机遇 加速传统产业转型升级［EB/OL］.（2021-01-31）［2023-11-30］. http://read.lhwww.cn/TempleteV5/NewsInfo? id=611015E1-CFEE-4BF0-86D9-156230F054FC.

见成效。但相对于沿海发达地区而言，我国内陆地区仍处于全面开放发展的起步阶段，建设内陆开放新高地、实现高水平开放仍然面临一系列新的困难和挑战，如基础设施建设有待进一步加强、产业基础相对薄弱、开放通道不够顺畅、开放制度和机制尚须完善优化等问题成为内陆地区开放发展面临的内部制约因素。面对建设内陆开放新高地、实现内陆地区高水平开放的一系列问题和挑战，如何紧抓 RCEP 签订生效的重要机遇，充分利用国内有利时机和有利条件，牢牢把握国际开放合作的有利时机，发挥内陆地区优势，在借鉴国内外开放发展有益经验的基础上，探寻内陆地区应对开放发展挑战的有效对策，根据内陆地区实际找到破解内陆地区开放发展障碍的有效途径，走出富有内陆地区特色的建设开放新高地、实现高水平开放的道路，成为促进内陆地区经济持续稳定发展、使内陆地区与全国同步全面建设社会主义现代化国家面临的现实课题。为此，本书拟从 RCEP 视角出发，对我国内陆地区加快打造内陆开放高地面临的机遇和挑战进行分析，对内陆地区打造内陆开放新高地、推进高水平开放的路径选择和制度安排展开研究，探讨破解内陆地区全方位开放、高水平开放瓶颈的有效对策。在此基础上，本书将针对典型内陆省份——四川省和重庆市的实际，探讨并提出具有川渝特色和比较优势的成渝地区打造内陆开放新高地、推动成渝地区高水平开放的对策建议。

（三）弥补内陆开放发展研究的不足

对于我国的开放发展，伴随着我国改革开放的逐步深入，理论界做了一系列探讨，取得了一系列研究成果。

在 20 世纪 80 年代中期，伴随着中国改革开放步伐的逐渐加快，国内理论界对外向型经济的概念、标准以及类型展开了深入研讨。如沈立人（1988）[①]、季崇威（1989）[②] 和陈家勤（1989）[③] 等，主要围绕出口导向、进口替代和利用外资等方面展开研究，从而为当时我国沿海地区发展外向型经济提供了理论支持。20 世纪 90 年代中期以后，随着中国经济外向度的逐渐提高，理论界关于外向型经济的研究逐渐细化，开始转向对特定省

[①] 沈立人. 发展外向型经济的若干认识问题 [J]. 唯实，1988（2）：2-7.

[②] 季崇威. 世界经济发展趋势和我国沿海地区发展外向型经济问题 [J]. 亚太经济，1989（1）：58-63.

[③] 陈家勤. 关于外向型经济问题讨论综述 [J]. 中国社会科学，1989（3）：110-120.

份外向型经济发展的探讨。一是对沿海发达省份的外向型经济进行研究，如黄民生（1998）①、谢守红（2003）② 和张二震（2015）③ 分别对福建、广东和江苏的外向型经济进行分析；二是对内陆省份的外向型经济进行研究，如宋晓舒（2013）④、王芳（2012）⑤ 和刘鸿雁、李林波（2018）⑥ 分别对河南、陕西和山西发展外向型经济进行研究。

从现实情况看，目前我国内陆地区开放发展面临三个重要的机遇与背景：一是全球金融危机所"触发"的全球经济结构转型，二是共建"一带一路"倡议的推进，三是 RCEP 的正式签署和生效。在新的国内国际形势下，研究外向型经济应充分考虑如何基于 RCEP 形成新的开放发展格局，特别是对既不沿海也不沿边的我国内陆地区而言，如何借力 RCEP，通过厘清思路和路径创新突破开放发展瓶颈、建设开放高地，是亟待研究解决的问题。

总体而言，开放发展已经引起国内不少学者的关注，他们对我国沿海地区、内陆特定省份的开放发展也做了一些有益探讨，研究视角多维，视野较为开阔，取得了一系列研究成果。以上研究成果奠定了本书的坚实基础，但既有研究也存在进一步拓展的空间。

综合既有研究可以发现，我国关于开放发展的既有研究成果具有较为明显的"双缺"特点。一是从研究视角看，RCEP 签署于 2020 年 11 月 15 日，目前尚缺乏对 RCEP 视角下我国开放发展的相关研究；二是从研究主体看，将国家层面或某一特定省份作为研究主体的较多，尚无学者将内陆地区作为开放发展的研究主体，缺乏专门针对我国内陆地区建设开放高地、推进高水平开放的研究。为此，本书聚焦于 RCEP 视野下的我国内陆地区，在深入剖析内陆开放发展的学术旨趣和努力拓展新的研究空间的综合考量下提出本书的研究主题。

---

① 黄民生. 福建省外向型经济发展特点与对策 [J]. 世界地理研究, 1998（1）: 71-75.
② 谢守红. 广东外向型经济发展的地域差异与对策 [J]. 地域研究与开发, 2003（4）: 32-36.
③ 张二震. 提升江苏外向型经济核心竞争力的对策思路 [J]. 群众, 2015（10）: 15-16.
④ 宋晓舒. 河南省建设内陆经济开放高地竞争优势分析 [J]. 商业时代, 2013（26）: 133-135.
⑤ 王芳. 陕西发展外向型经济的现状、问题及对策 [J]. 理论导刊, 2012（10）: 69-72.
⑥ 刘鸿雁, 李林波. 山西省外向型经济发展现状与竞争力分析 [J]. 市场周刊（理论研究）, 2018（1）: 57-58.

二、研究思路与研究内容

（一）研究思路

本书以 RCEP 签署并生效为研究背景，分析研究我国内陆地区开放现状，并对内陆地区开放现状与成效进行对比分析，从中总结开放发展经验，并发现问题、探寻面临的挑战，进而针对内陆地区开放发展面临的问题和挑战提出相应的应对策略，形成具有比较优势和地方特色的内陆地区开放策略、开放发展对策以及开放发展的长效保障制度。

本书循着四个步骤展开研究和探索。一是确定研究目标。本书从学术价值和应用价值入手，以问题为导向确定研究内容和研究目标。二是制订研究计划。本书在分析内陆地区开放发展理论逻辑的基础上，结合实地调查研究制订本书的研究计划。三是确定研究过程。本书运用理论研究、实地调研、比较分析和个案分析方法，对内陆地区开放发展现状、困境及成因进行理论分析和实证分析。四是研究结果反馈。本书运用理论与现实相结合的分析方法进行对策分析，提出具有比较优势和地方特色的内陆开放发展策略和开放发展对策以及相应的制度安排。本书的基本研究思路和技术路线如图 1-1 所示。

（二）研究内容

本书研究的理论视角为内陆开放，突出内陆开放的影响因素，探索内陆开放的理论可行性。本书以 RCEP 为研究背景，研究主体为内陆地区，研究的落脚点为内陆开放的理论创新、路径创新和制度创新。本书在明确界定开放发展、内陆开放高地的内涵的基础上，重点分析我国内陆地区开放现状、已有政策措施的落实情况及其效度，探索在 RCEP 背景下内陆开放理论的创新和内陆省份全面对外开放的有效路径和长效制度安排。

本书的研究重点在于两个方面：一是形成具有针对性、可行性、完备性的内陆开放发展路径——路径选择；二是构建推进内陆地区全面开放、高水平开放的长效机制——制度设计。本书的研究难点在于如何构建具有针对性、可行性和完备性的内陆省份对外开放水平的评价指标体系，确定各开放影响因素的权重以及据此开展的实证研究。

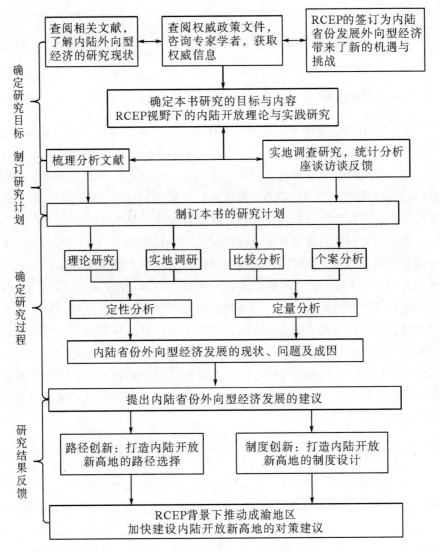

图1-1　本书的基本研究思路和技术路线

本书共有八章，主要内容如下：

第一章，绪论。本章主要介绍了本书的研究缘起、研究思路与研究内容、研究方法与研究意义。

第二章，相关概念和理论基础。本章主要对相关概念进行了界定、比较与分析，在此基础上对内陆开放相关理论基础与现有研究进行了梳理与述评。

第三章，内陆地区开放发展的历程与现状。本章对一定数量具有代表性的内陆省份开放发展的情况进行了综合分析，包括对开放发展的演进历程，采取的相关举措及其贯彻落实情况、效度情况，开放进程中的成功经验、困境与瓶颈等进行分析研究。

第四章，RCEP 框架下内陆地区开放发展的机遇。本章在对 RCEP 内容进行简要阐述的基础上，重点分析了该协定给我国内陆地区开放发展带来的机遇，及其为内陆地区抓住开放发展机遇、成功应对开放发展挑战奠定的基础。

第五章，内陆地区开放发展的国内外经验借鉴。本章分析研究了国内外内陆地区开放发展的有益经验，为我国内陆省份进一步扩大对外开放提供经验借鉴。

第六章，内陆地区开放发展的路径创新。本章在前文分析研究国内外内陆开放发展经验、启示的基础上，结合 RCEP 给我国内陆地区开放带来的机遇、挑战以及内陆省份开放发展的特色、优势和制约因素，提出了具有针对性的内陆地区开放发展创新路径。

第七章，促进内陆地区高水平开放的制度创新。制度型开放是落实新发展理念、建设更高水平开放型经济新体制的重要抓手，推进内陆地区开放发展、打造内陆开放高地离不开开放制度的长效保障。在 RCEP 背景下谋求内陆地区高水平开放，需要一个与 RCEP 规则相适应、与高水平国际开放规则对接，同时又符合内陆地区实际的开放制度。内陆开放制度是一个由政策、融资、法治、平台、市场环境、评价体系等构成的完整制度体系，本章主要探讨了内陆地区如何构建既适应 RCEP 规则、对接高水平国际开放规则，又符合内陆地区实际的开放制度体系。

第八章，川渝地区打造内陆开放高地的对策建议。本章运用上述 RCEP 视野下内陆开放理论与实践的探索结果，根据四川、重庆这两个典型内陆省份的实际，提出了推进川渝进一步扩大开放、加速打造内陆开放新高地、实现高水平开放的具有针对性、可行性的对策建议。

通过上述几个方面的分析研究，本书拟从以下三个方面实现研究目标：一是通过分析我国内陆开放发展中的不足、横向比较以及文献梳理，探讨内陆开放发展的制约因素，为探寻 RCEP 背景下内陆开放的实现路径和制度设计奠定基础；二是形成 RCEP 背景下具有针对性、可行性和完备性且较为系统的内陆开放发展路径；三是循着"政策+法治+融资+平台+评价=开放发展保障"的思路，构建内陆地区开放发展的长效制度保障。

三、研究方法与研究意义

（一）研究方法

本书综合运用多种研究方法对我国内陆地区开放理论和实践进行了研究。其中，主要研究方法包括文献分析法、实证研究法和比较分析法。

1. 文献分析法

对有关内陆开放的重要文献、学术界关于内陆开放的研究文献、中央颁布出台的对外开放和内陆开放的法规文件进行全面梳理、归纳整理和比较分析，从中归纳经验、寻找规律，为增加研究厚度提供学理支撑。

2. 实证研究法

运用多种可利用资源对中央及内陆各省份对外开放和打造内陆开放高地的相关政策、法规、举措进行聚类研究，着重研究中央和地方政府有关内陆开放政策措施的落实情况、实施效果；同时，通过对各级政府相关部门、企业进行问卷调查、个别访谈或分类座谈，了解和分析目前内陆地区对外开放和打造内陆开放高地的情况，以及相关政策法规、具体举措及其贯彻落实情况、效度情况。

3. 比较分析法

通过构建评价指标体系，分析内陆省份开放发展的共性，分析国内外内陆地区开放的相关经验与教训，从中探寻我国内陆地区开放发展的有益借鉴。

（二）研究意义

经济全球化和区域经济一体化要求世界各国、各地区加快开放发展，广泛开展国际经济合作；构建以国内大循环为主体、国内国际双循环相互促进的新发展格局要求包括内陆地区在内的我国各地区加快开放步伐、推动经济高质量发展。怎样有效推动对外开放始终是国内开放发展的焦点议题。面对新时代、新使命、新要求和新的开放背景，党中央秉持全域开放思路，强调内陆地区要持续拓展开放范围，着力提高开放水平，形成内陆地区与沿海沿江沿边地区协同开放的立体全域开放战略布局，为此，对内陆地区借助 RCEP 签订生效的有利时机加速开放发展进行研究具有重要的理论意义和现实意义。

1. 理论意义

在理论层面，从 RCEP 视角对我国内陆地区开放的理论和实践进行研究，可以从三个方面丰富和发展开放经济理论。

（1）丰富开放发展理论成果

本书在总结既有开放经济相关理论的基础上，对"内陆开放高地"的内涵进行界定，剖析内陆省份在前期开放发展探索中所采用的模式与发展路径，探究内陆开放的独特机理，研究 RCEP 为内陆开放带来的机遇和挑战，在此基础上提出顺应时代发展要求、符合内陆地区实际、富有内陆地区特点的内陆开放模式与路径，从概念、内陆开放发展机理、开放模式与路径等方面丰富内陆开放型经济研究成果。

（2）拓展开放型经济研究视角和研究思路

本书从探究内陆开放型经济的发展机制机理出发，结合 RCEP 背景，从要素、产业、产品、区域合作等方面探究内陆开放发展机理和开放高地形成机理，为开放型经济理论研究提供新视角、新思路。

（3）充实欠发达地区开放发展理论

我国部分内陆地区属于欠发达地区，对 RCEP 视角下我国内陆地区开放发展的理论和实践进行探索，可以补充和丰富欠发达地区开放理论，丰富我国中西部地区尤其是西部地区的开放发展理论。

2. 现实意义

在实践层面，从 RCEP 视角对我国内陆地区开放发展理论和实践进行研究和探索，可以为内陆地区建设开放型经济高地、推动内陆地区高水平开放提供实践参考和借鉴。

（1）为内陆地区开放发展提供参照文本

本书以促进我国内陆地区开放发展、实现高水平开放为目标，结合内陆省份特殊的区位条件、经济社会环境、比较优势以及政策、体制，以 RCEP 为分析研究视角，力求从国际化高度探寻一条适合我国内陆地区的高水平开放之路，为推动内陆省份加快建成内陆开放高地、实现高水平开放高质量发展提供参考，对内陆地区在新发展阶段打造内陆开放高地、提升开放水平起到参考借鉴作用。

（2）为川渝地区建设内陆开放高地提供有益参考

川渝地区是典型的内陆地区，成渝地区双城经济圈战略要求成渝地区充分利用自身优势和特色，借助 RCEP 框架和共建"一带一路"倡议的契机加快开放步伐、扩大开放规模，加速打造内陆开放高地和开发开放枢纽，进而促进川渝地区、西部地区高水平开放、高质量发展，推动以国内大循环为主体、国内国际双循环相互促进的新发展格局尽快形成。在对我国内陆地区开放理论和实践进行全面研究和探索的基础上，本书将研究成果运用于川渝地区，对川渝地区开放发展路径进行具象化研究，从而为川渝地区以及其他内陆省份的开放发展提供参考和借鉴。

第二章 相关概念和理论基础

研究探索内陆开放的理论和实践，需要从理论上厘清相关概念，明确界定相关概念的内涵；同时，需要了解内陆开放的相关理论，为研究我国内陆开放奠定理论基础。为此，本章对内陆开放相关概念的内涵加以界定，对相关研究文献进行综合性描述，对相关理论基础进行分析阐释，为后文对我国内陆地区开放发展的分析研究提供理论支撑。

一、相关概念界定

厘清相关概念、明确相关概念的内涵和外延，是分析研究的起点和基础。与内陆开放相关的概念主要有内向型经济、外向型经济、封闭型经济、开放型经济以及内陆开放型经济等。其中，内向型经济与外向型经济相对应，封闭型经济与开放型经济相对应。

（一）内向型经济

内向型经济是与外向型经济相对应的一个概念，是指一个国家或地区着眼于国内或地区内部的配置资源，产品基本上自己生产、自己消费，主要通过内部循环实现经济增长和经济发展。

内向型经济的具体形式有两种，一种是"闭关自守型"，另一种是"进口替代型"。其中，闭关自守型的内向型经济采用闭关锁国的发展方式，产品、要素等的供给几乎完全依靠自给自足，很少和其他国家或地区进行贸易与交流；进口替代型的内向型经济则主要靠本国的生产要素和市场驱动，以本国生产的制成品来带动国内相关产业和生产部门的发展，并且替代进口的国外同类产品。

采用内向型经济发展模式的国家主要通过关税和非关税壁垒等保护性

政策措施阻止国外产品输入，以促进国内工业经济发展。实行内向型经济的国家一般经济增长速度较慢，经济发展水平较低。

当前，世界上采取闭关自守型发展取向的国家很少，所以通常提到的内向型经济都是指进口替代型经济。

（二）外向型经济

外向型经济是与内向型经济发展方式截然相反的经济发展模式，它是通过对外开放合作促进自身经济增长、经济发展的经济发展模式。这种经济发展模式以国家经济发展为主要目标，利用本国优势资源积极参与国际分工和国际贸易，以此推动国内经济增长和经济发展。

重视国际市场的需求及其变化、积极发展出口贸易是外向型经济的显著特征。比较优势理论则是外向型经济的主要理论依据。

（三）封闭型经济

封闭型经济是与开放型经济相对应的一个概念，它是指一个国家经济活动很少或与外界没有联系，资本、劳动力、生产要素的流通仅仅局限在国内。由于要素和产品流动范围受限，资源难以实现较大范围的优化配置，在封闭型经济中，各种生产要素都处于一种低水平的利用状态，因此这种经济发展模式效率不高，不利于经济增长和经济发展。

（四）开放型经济

开放型经济与封闭型经济相对应，是指一个国家或地区通过进出口贸易和资本输出输入，利用国内国际两个市场、两种资源对资源进行优化配置，促进本国经济增长和经济发展。

开放型经济要求经济主体根据自身优势参与国际分工和对外贸易，强调经济主体在"走出去"的同时也要"引进来"，通过有进有出的对外贸易和要素的国际流动，充分利用国内国际两个市场、两种资源，推动资源实现全球化优化配置。这种经济发展模式能更好地发挥本国的资源优势和经济优势，有效提高本国的资源利用效率和生产效率，从而显著促进经济增长。

开放型经济与封闭型经济具有明显区别，主要表现在两个方面。从市场层面来看，开放型经济非常重视经济的内外互动和双向循环，即强调利用国内和国际两个市场。它不仅可以扩大和利用国际市场，而且可以增加国内市场的需求，有效拓展国内市场；相反，封闭型经济不重视国际市场，主要着眼于国内市场，只注重国内市场发展。从要素流动的角度来看，在开放型经济中，要素和产品可以跨越国界从而在更大范围内流动，包括在国内跨地区以及国与国之间自由流动；在封闭型经济中，要素流动局限于国内或区域范围内，实行的是内循环，不能跨越国界或区域实现自由流动。

（五）内陆开放型经济

了解内陆开放型经济，首先需要明确"内陆"的含义。内陆是相对于海和边境而言的不靠海、不沿边的区域。内陆区域可以分为内陆城市和内陆地区。

1. 内陆城市与内陆地区

内陆城市有广义内陆城市和狭义内陆城市之分。广义的内陆城市泛指所有不靠海的城市；狭义的内陆城市仅仅是指既不靠海也不沿边省份的城市，即其所在的省份没有靠海、沿边的城市。

内陆地区也有广义与狭义之分。广义的内陆地区泛指所有不靠海的地区，狭义的内陆地区则是指既不靠海也不沿边的地区。本书涉及的"内陆地区"是指狭义的内陆地区，即既不靠海也不沿边、处于我国大陆腹地的广大地区。据此本书认为，我国内陆地区是由我国山西省、河南省、安徽省、陕西省、甘肃省、宁夏回族自治区、青海省、四川省、重庆市、湖南省、湖北省、江西省、贵州省这13个省份构成的经济地理区域。

2. 内陆开放型经济的内涵和特点

内陆开放型经济是由沿海开放型经济空间外延拓展形成的，是与沿海开放型经济相对应的一种经济形态。内陆开放型经济与沿海开放型经济的差异并不仅仅表现在地理区位方面，还表现在与其他区域之间相互来往的信息、资本、要素、物流等多个方面，二者在这些方面均存在差异。具体来说，内陆开放型经济是指建立在内需基础之上，通过不断完善的交通体系、互联网信息通信体系来发挥内陆地区的比较优势，吸引国内外的生产要素，参与全球分工与合作，在实现资源要素双向流动、经济内外循环的基础之上，通过中心城市的辐射带动区域经济发展的经济发展模式。

内陆开放型经济具有两个特点。

一是内外循环与内内循环相互结合。融入国际市场和积极参与国内不同经济区域的分工合作，是内陆开放型经济发展的两个不可或缺的重要方面。由于地理位置处于内陆腹地，内陆地区与沿海地区相比，外循环有限，"引进来""走出去"不能简单复制沿海地区以国际市场导向为主的经济发展模式，而是应该更加注重对国内市场的培育。对于内陆地区来说，拥有国际市场必须建立在强劲而良好的国内需求基础之上，因此，内陆开放型经济在注重面向国际市场开放发展的同时，应更加注重与国内其他地区的协同合作，注重国内市场的培育和国内市场份额的占有，它是一种内外流通与内部流通相结合的经济发展模式。

二是以点带面式发展。长期以来我国内陆地区经济发展较为缓慢，与沿海地区相比，经济基础、基础设施等各方面发展都较为滞后。开放型经济的发展需要较好的经济基础和经济发展环境，因此并不是任何一个内陆城市或内陆地区都可以发展开放型经济，由此也就决定了需要对内陆开放型城市和地区进行合理选择。通过合理选择和培育，把具备开放型经济发展基础和条件的内陆开放型城市培育成为区域经济增长极，再通过增长极的扩散效应带动周边区域发展，最终实现区域整体发展。在我国，一般来说省会城市往往都是省域内经济发展的中心，相较省域内部其他区域而言，其开放型经济发展的基础、条件较好，因此，内陆开放型经济一般以省会城市作为区域经济增长极，通过省会城市对内对外的开放合作带动省域内经济开放发展。

3. 内陆开放型经济与沿海开放型经济的区别

内陆开放型经济具有与沿海开放型经济不同的特点，二者的区别主要表现在市场侧重点和发展制约因素两个方面。

其一，市场侧重点不同。由于地理位置的原因，相对于沿海开放型经济，内陆开放型经济在国际市场竞争中并不具备优势，但是在国内区域市场竞争中拥有一定的优势，因此内陆开放型经济应该更加注重内需以及国内市场的培育和开拓；而沿海开放型经济由于先天的区位优势，在发展开放型经济的过程中应该更加注重国际市场，通过着重拓展海外市场推动开放发展。可见，内陆开放型经济与沿海开放型经济在市场培育上应选择不同的发展重点。

其二，发展制约因素存在差异。相对于内陆地区而言，沿海地区经济发展的主要制约因素是产业结构、经济结构和环境容量，其开放型经济发展主要受制于经济结构和环境容量。与沿海地区相比，地理位置普遍偏远，与国际市场空间距离相对较远，物流、信息流相对落后，交通和通信体系不完善是制约内陆开放型经济发展的重要因素，通过基础设施建设突破交通、通信瓶颈制约，是促进内陆开放型经济发展的基本要求。

二、相关文献综述

国内外对内陆开放型经济及其发展的既有研究主要围绕开放型经济的内涵、开放型经济发展模式和建设内陆开放高地几个方面展开分析研究。此外，也有从开放型经济与制度创新结合的角度对开放型经济发展展开的研究。

（一）关于开放型经济内涵的研究

对于开放型经济的内涵，国内外学者都有研究。就西方学界而言，我国对开放型经济内涵的研究起步较晚，但研究结论较多且比较丰富多样。

1. 国外对开放型经济内涵的研究

开放型经济最早出现在西方经济学中，并且已经有了完整而规范的概念。西方经济学普遍认为开放型经济是一种无约束的经济模式。

国外对开放型经济的研究最早可追溯到古典经济学家亚当·斯密的绝对优势理论和大卫·李嘉图的比较优势理论。在早期，国外学者们认为开放型经济就是国际贸易，随着研究的逐渐深入，学者们对开放型经济的认识逐渐加深，认为开放型经济不仅涉及对外贸易，还涉及国际金融合作等国际经济活动。1973 年，美国 D.格林沃尔德主编的《现代经济词典》认为，开放型经济是一个绝对自由的经济体系，它可以和区域内外的任何经济体实现自由的贸易，不受任何贸易限制，自由贸易是开放型经济的核心与关键。1983 年，英国戴维·W. 皮尔斯主编的《现代经济学词典（修订版）》则认为，开放型经济就是参与到国际贸易中的一种经济，在这种经济中，外贸部门占国内生产总值的比例大小反映了开放程度的高低，所占比例越大，开放程度越高；相反则意味着开放程度越低。在西方权威经济学词典《新帕尔格雷夫经济学大辞典》中，开放型经济的内涵不仅仅涉及国际贸易，还涉及国际金融合作。

从上面的分析可以发现，在西方学界，开放型经济至少包括三个方面的含义。首先，开放型经济强调经济主体必须参与国际贸易；其次，国际贸易是自由进行的，不受外界的限制；最后，开放型经济不仅是包含国际贸易的经济，还是包括国际金融在内的经济。这三个层次的含义构成了开放型经济的基本外部特征。

2. 国内对开放型经济内涵的研究

由于开放型经济在我国出现的时间并不长，相比于国外，国内对开放型经济内涵的研究存在滞后性。当前国内学者关于开放型经济的研究还处于起步阶段，研究主要集中在讨论开放型经济的定义与内涵方面。

20世纪90年代，国内对开放型经济内涵的研究不多。周小川（1992）[1] 认为，开放型经济应该建立在比较优势理论基础之上，国内国际两个市场并不是孤立存在的，是相互联系的；他从社会主义市场构建的角度提出，鼓励国家参与到国际分工之中，并同时尽量发挥国家的比较优势。李贯岐（1995）[2] 在分析总结开放型经济与市场经济、商品经济的关系及其与外向型经济的区别时指出，经济全球化的形势下，世界各国之间总会存在复杂的经济关系，这些经济关系的总和就是开放型经济；开放型经济是外向型经济的延伸和高级形式，外向型经济只是开放型经济的一部分。刘桂斌（1997）[3] 从东南亚金融危机中得到启示，认为开放型经济是一种促进国家经济发展的模式，而这种模式是根据国家自身发展状况、经济实力以及战略目标自由地、有选择性地实行对外开放，通过利用外部资源和市场来促进国家经济进步的经济发展模式。

从体制机制上看，曾志兰（2003）[4] 提出，开放型经济具有高度开放的经济体制、运行机制和法律制度；在这样的经济发展环境中，市场配置的作用占据主导地位，政府、资源基本按照市场经济体制运行、流动。郑吉昌（2003）[5]从要素流动的角度提出，在开放经济模式下，资本、劳动力、技术等各种生产要素可以在市场主导下实现自由跨境流动，从而实现

---

① 周小川. 走向开放型经济 [J]. 经济社会体制比较，1992（5）：4-11.

② 李贯岐. 开放经济的含义及其与相邻概念的关系 [J]. 理论学刊，1995（6）：46-48.

③ 刘桂斌. 社会主义与市场经济矛盾冲突的调节 [J]. 中国改革，1997（10）：16-18.

④ 曾志兰. 中国对外开放思路创新的历程：从外向型经济到开放型经济 [J]. 江汉论坛，2003（11）：17-20.

⑤ 郑吉昌. 经济全球化背景下中国开放型经济的发展 [J]. 技术经济与管理研究，2003（5）：9-11.

资源的优化配置和高效利用。周肇光（2004）[①] 解释了开放型经济的内涵，认为开放型经济是一国经济在与国际经济活动联系时所采取的形式，一国要充分发挥比较优势，尽量参与国际分工；同时提出，开放型经济是包括经济开放度、开放战略等各方面形式或特征在内的开放经济的总和。莫世祥（2005）[②]指出，外向型经济重视国际需求，容易导致国内需求不足，国内市场发展迟缓；开放型经济是成熟的开放经济，它重视国内经济与国际经济之间的联系，国内市场和国际市场同样开放，这种经济发展模式可以有效地促进经济增长。

杜庆霞（2010）[③] 结合党的十七大报告对开放型经济体系的阐述，从"内外联动、互利共赢、安全高效"三个角度分别解释开放型经济的内涵，提出开放型经济在实现双赢的过程中也要注意防止国际经济风险向国内传导。蔡爱军等（2011）[④] 从经济全球化的角度出发，认为开放型经济意味着国家全方位、整体性的开放，经济要融入全球化的网络格局中，强调国家层面的整体开放，注重国家之间、国家对地区、地区之间三者的开放。李明武（2011）[⑤] 认为，从经济范畴的角度出发，外向型经济与开放型经济是两个相异的范畴；从种属关系出发，两者没有任何关系，前者更强调通过外部市场与资源促进本国经济发展，后者强调完善的经济体系和法律制度对经济发展的作用。他认为，在开放型经济中，生产要素、资源可以在市场经济条件下跨国界自由流动，从而实现资源的优化配置。

综上可见，国内学界对开放型经济的内涵和特征均有研究，不同学者从不同角度对开放型经济的内涵有不同的界定，对开放型经济的特征也有不同的观点。随着研究的逐渐深化，学者们对开放型经济内涵和特点的认识也逐渐深入和丰富。综合而言，开放型经济是一种国与国之间包括各种产品和要素自由流动、能充分利用国内国际资源和国内国际两个市场、具

① 周肇光.准确把握邓小平开放型经济发展思想的科学内涵 [J].上海金融学院学报，2004（4）：3-9.

② 莫世祥.深圳外向型经济的转型和再转型 [J].深圳大学学报（人文社会科学版），2005（5）：5-10.

③ 杜庆霞.新时期下对开放型经济内涵的认识 [J].现代经济信息，2010（8）：199-200.

④ 蔡爱军，朱传耿，仇方道.我国开放型经济研究进展及展望 [J].地域研究与开发，2011，30（2）：6-11.

⑤ 李明武.湖北外向型经济发展的地域差异及协调发展对策 [J].长江大学学报（社会科学版），2011，34（3）：55-59.

有有利于资源跨界自由流动的规则制度和经济体系、全面开放和全域开放的经济发展模式；这种经济发展模式能有效促进资源优化配置、提高经济效率，从而推动开放各方实现互利共赢。

（二）关于开放型经济发展模式的研究

对于开放型经济发展模式的研究主要在国内学界展开，研究大致分为东部开放型经济发展模式和内陆开放型经济发展模式两大部分。

1. 关于东部开放型经济发展模式的研究

改革开放初期，我国主要采取非均衡发展战略，东部地区利用政策优势和区域优势率先发展，形成了多种不同的发展模式。其中，温州模式、浦东模式和苏南模式成为中国发展开放型经济的典型模式。

从发展动力的角度区分，东部开放型经济发展模式主要可以归纳为三种。一是"引进来"模式。该模式以政府力量为核心，通过政府的桥梁作用，对外资企业实施优惠政策；通过创造良好的投资环境，吸引跨国公司和外国高科技公司在中国投资和经营，从而促进该地区的经济发展。浦东模式是"引进来"发展模式的典型代表。二是"走出去"模式。该模式以满足国际市场需求和占据国际市场为主要着力点，是建立在国外市场基础之上、充分发挥市场机制作用、利用原始资本积累的优势和良好区位条件大力生产符合国外市场需求的产品、积极开拓国际市场的经济发展模式。其中，温州模式是"走出去"发展模式的典型代表。三是"引进来+走出去"模式。该模式强调"引进来"和"走出去""两手抓"，既要考虑利用区域优势吸引跨国公司、国外的技术资金以促进区域经济发展；同时也要注重培养本土优势企业，鼓励本土企业利用市场机制"走出去"抢占国际市场，通过内外联动促进地区经济发展。苏南模式是"引进来+走出去"发展模式的典型代表。

2. 关于内陆开放型经济发展模式的研究

内陆地区由于地理位置、区位条件的限制，开发开放相对滞后，开放型经济发展尚处于起步阶段，因此，对内陆开放型经济发展模式的研究不多，研究主要集中在内陆局部地区开放发展路径和策略方面。

王旺青（2011）① 分析了我国内陆省份开放型经济发展的现状后指出，

---

① 王旺青. 我国内陆省份开放型经济发展的现状及问题 [J]. 管理学刊，2011，24 (2)：33-35.

我国内陆省份通过积极实施"引进来""走出去"双向并举的开放型经济发展战略实现了经济快速发展，对外开放的水平不断提高，但是还存在比较突出的问题，发展水平还有进一步提升的空间；为了促进整个国民经济又好又快地发展，内陆地区需要进一步提高开放型经济发展水平。

国内学者对建设内陆开放型经济的研究注意力大多集中在重庆、成都、西安、武汉、郑州五个典型的内陆地区代表性城市上，但研究中对于开放型经济发展路径与模式的分歧较大。

对于重庆的开放发展路径，研究普遍认为，重庆集中了水、陆、空、铁四大交通运输方式，是内陆地区唯一的四大运输载体合一的交通枢纽，具有发展开放型经济的有利交通条件。陈德敏、谭志雄（2009）[1] 提出了通过区域合作促进重庆内陆开放型经济发展的路径，即重庆要继续努力在国民经济发展格局中发挥更大的影响力，探索区域合作创新发展新境界，提高科技领先水平；通过产业链合作和产业集群发展的方式拓展区域合作，整合并深化不同区域企业之间的合作；完善合作领域的协调机制。宁宇（2008）[2] 根据沿海省份开放经验得出结论，重庆应以加工贸易带动经济开放，从基础设施、产业承接、人力资源、产业集群、农村经济五大方面进行突破，发展生产要素流入式的开放型经济。李平、周靖祥（2011）[3] 认为，在重庆开放发展的过程中，应避免和防止出现像东部地区一样过度重视国际市场而出现"依附经济"的现象，重庆内陆开放型经济应以"大分工"的产业关系为基础，在全球产业分工的基础上充分发挥区域内的比较优势，走"外循环"发展之路。

对于成都的开放型经济发展路径，周灵（2012）[4] 认为，根据内陆城市发展的特点，成都作为成渝地区双城经济圈的核心城市之一，发展开放型经济要实施城乡统筹战略，统筹推进周边腹地发展，抢占本地市场，大力发展内陆开放型产业，弥补内陆城市交通条件劣势，鼓励企业"走出去"，到海外建厂，降低企业生产经营成本和贸易壁垒。

① 陈德敏，谭志雄.重庆对外科技合作的路径选择研究 [J].中国科技论坛，2009（11）：88-93.

② 宁宇.重庆发展内陆开放型经济的路径选择 [J].重庆与世界，2008（2）：32-33.

③ 李平，周靖祥.重庆内陆外向型经济发展思路：融合理论与现实 [J].重庆理工大学学报（社会科学），2011，25（7）：42-48.

④ 周灵.关于成都建设内陆开放试验区的思考与建议 [J].中共成都市委党校学报，2012（2）：49-51.

对于西安开放型经济的发展路径，李钊（2011）① 认为，经济发展相对较为落后的西安发展开放型经济，首先要抓住国际陆港建设的机遇，通过畅通的国际贸易渠道和欧亚大陆桥枢纽，推动西安开放型经济的发展。赵峰、汪婷（2017）② 认为，西安应该抓住构建丝绸之路经济带的机遇，与甘肃（兰州）国际陆港形成合力之势，构建向西开放的大格局，开拓中亚和欧洲市场。

对于武汉、郑州的开放型经济发展模式和发展路径，陈继勇、吴颂（2012）③ 认为，武汉作为我国中部地区的经济、文化、教育中心，靠利用比较优势承接产业转移来发展开放型经济难以获得最大收益，应该通过参与国际国内竞争，发展新兴产业，创新开放型经济的发展模式。孟晓红（2016）④ 通过分析郑州的对外开放现状，认为郑州进一步扩大对外开放的基本策略在于以招商引资为主要目标、以承接产业转移和产业发展为主要载体、以新城区和产业集群建设为主要阵地，把营造良好环境作为主攻点，把加强区内外经济合作作为主渠道。

（三）关于建设内陆开放高地的研究

在对我国内陆城市的开放高地建设的整体研究方面，学界从不同角度提出了多种观点和多种发展思路。

隋强（2009）⑤ 认为，发展内陆开放型经济要以市场化为主，建立内外对接的贸易、投资体制，要把利用外资与提高效益相结合，同时以提升价值链为核心，并且要加强开放发展中的风险防范。姚言伟、陈静（2011）⑥ 提出，建设内陆开放高地，首先要构建多式联运物流体系，建设便捷的交通网络和高效的物流业。李恒（2011）⑦ 对中部六省的开放型经济发展现状进行了研究，认为技术水平提高、劳动力流动、产业结构调整

① 李钊. 建设西安国际陆港 助推区域开发开放 [J]. 大陆桥视野，2011（1）：49-53.

② 赵峰，汪婷. 自贸区建设对接"一带一路" [J]. 西部大开发，2017（3）：59-61.

③ 陈继勇，吴颂. 新时期武汉发展开放型经济的路径选择：基于承接产业转移和吸引 FDI 的比较研究 [J]. 武汉大学学报（哲学社会科学版），2012，65（6）：101-106.

④ 孟晓红. 郑州打造内陆开放高地的战略思考 [J]. 科学中国人，2016（15）：99.

⑤ 隋强. 发展内陆开放型经济的若干思考 [N]. 光明日报，2009-05-11（10）.

⑥ 姚言伟，陈静. 多式联运：重庆"内陆开放高地"建设的必然选择 [J]. 黑龙江科技信息，2011（25）：151.

⑦ 李恒. 开放型经济发展的动力机制与模式选择：以内陆省份为例 [J]. 华中科技大学学报（社会科学版），2011，25（3）：80-86.

以及优惠政策是促进内陆省份发展开放型经济的内在原因，同时强调内陆省份要吸引高级要素流入从而使自身的资源、要素得到结构性调整。王旺青（2011）[①] 通过对进出口规模、利用外商投资水平、对外承包工程和劳务合作以及国际旅游状况等数据进行比较，在分析内陆各地区的对外开放水平后，认为可以从贸易品质量、经济战略、投资环境等方面来促进内陆地区开放。王骏（2014）[②] 认为内陆开放是一种创新模式，提出内陆开放要转变发展方式，坚持"双向"开放，既要引进国外的先进技术和管理经验，又要发挥内陆的比较优势进而融入世界，同时要创新内陆地区对国际产业转移的承接方式，还要优化自身要素的结构模式并进入国际分工体系。

（四）关于开放型经济与制度创新相结合的研究

对于开放型经济与制度创新相结合的研究，主要是基于新的经济发展战略对开放型经济发展提出的新要求而展开的。共建"一带一路"倡议和长江经济带发展战略的实施，对开放型经济发展与开放政策的结合提出了更高的要求，由此对开放型经济与制度创新相结合的研究逐渐展开并日益深入。

张俊莉（2015）[③] 设计了以共建"一带一路"倡议为背景的宁夏内陆开放型经济试验区制度创新模式，该研究从制度层面出发，认为制度创新在内陆地区开放过程中很重要。基于共建"一带一路"倡议，李继宏（2016）[④] 提出了中西部内陆地区承接东部沿海地区产业转移，中心城市发挥"增长极"作用的发展思路；对于广西对外开放的路径，他认为应当培育发展开放型经济所需的平台、加强工业园区建设、吸引生产要素。王一兵（2015）[⑤] 更加强调内陆地区与国家战略的对接，提出湖南要抓住共建"一带一路"倡议的机遇，推动开放型经济快速发展，打造开放型经济高

① 王旺青. 我国内陆省份开放型经济发展的现状及问题 [J]. 管理学刊，2011，24 (2)：33-35.
② 王骏. 论内陆开放模式创新的指向 [J]. 西南大学学报（社会科学版），2014，40 (2)：68-76，182.
③ 张俊莉. "一带一路"背景下内陆开放型经济制度创新 [J]. 人民论坛，2015 (35)：68-70.
④ 李继宏. "一带一路"建设背景下广西开放型经济发展模式及实现路径 [J]. 广西社会科学，2016 (4)：14-18.
⑤ 王一兵. 融入"一带一路"建设 打造内陆开放型经济新高地 [J]. 海外投资与出口信贷，2015 (3)：37-41.

地。石国进、陈蓉指出，湖北要积极参与"一带一路"的建设，通过搭建平台、扩大对外开放、引进优势，采取经济牵引、结构调整等多项措施，从而有效地扬长避短，探索具有湖北特色的内陆开放型经济发展模式。

黄南（2015）① 深入研究了上海自贸区的发展特征及其对长江经济带的影响，将上海自贸区建设与长江经济带开放型经济发展相结合，认为上海自贸区的建设对长江经济带的影响是复杂的，既有溢出效应和辐射效应，也有虹吸效应和挤压效应。肖城（2015）② 明确了长江经济带的概念及其优势，认为长江经济带具有经济发达、区位优越、自然资源丰富、交通便利、人力资源丰富等优势；通过对上海、武汉、南京、重庆四个长江经济带航运中心软硬件设施现状的分析，得出当前长江经济带航运中心存在四大不足的结论。景朝阳、涂舒（2015）③ 研究了新兴经济一体化趋势下的开放型经济发展路径，认为在国际经济结构中，经济一体化的趋势不断加强，产业模式深度调整为垂直一体化，世界经济结构和区域合作形势日趋复杂多变，中国需要不断探索开放型经济发展新路径，深化开放型经济体制改革。

2020 年 11 月 15 日，《区域全面经济伙伴关系协定》（Regional Comprehensive Economic Partnership，RCEP）正式签署，2022 年 1 月 1 日起该协定正式生效实施，中国内陆地区迎来了第三次对外开放的重要机遇。当今的产业全球化是由全球价值链分工主导的，中国应以 RCEP 实施为契机，在更深层次、更高层次融入全球价值链。在全球经济格局加速变化的当下，研究对外开放要多考虑如何形成以 RCEP 为着眼点的开放发展新格局。特别是对于没有边境或沿海区域的内陆地区而言，如何突破开放发展瓶颈，创新开放发展路径，是一项亟待研究和探索的重要内容。杨继瑞（2021）④ 表示，四川要为未来做好充足的准备，特别是在 RCEP 还未生效前做好充足的准备，为后续参与 RCEP 打下良好的基础。

上述研究为本书奠定了坚实基础，但其中仍然存在进一步研究的空间。

---

① 黄南. 上海自贸区建设与长江经济带开放型经济发展 [J]. 中国发展, 2015, 15（4）: 20-25.
② 肖城. 长江经济带航运中心建设对开放型经济的层次推进作用研究 [D]. 南京: 东南大学, 2015.
③ 景朝阳, 涂舒. 新兴经济一体化趋势下的中国开放型经济发展路径研究 [J]. 经济体制改革, 2015（1）: 39-43.
④ 杨继瑞. RCEP: 四川对外开放的新机遇 [J]. 四川省情, 2021（1）: 58.

三、内陆开放的理论基础

从世界经济发展过程来看，各国（地区）的经济发展都是从非均衡模式转变为均衡模式的。某些地区先发展，经济发展水平高，某些地区发展较晚，经济发展水平相对较低，从而形成了地区之间经济发展水平的差异。学者们针对各国（地区）经济发展的非均衡模式提出了很多理论。由于我国区域经济发展存在明显的非均衡特性，区域经济发展表现出明显的不平衡特征，因此，本书的理论基础以非均衡理论为主，主要依据非均衡理论来探讨内陆开放型经济的发展。

（一）增长极理论

20 世纪 50 年代，法国经济学家费朗索瓦·佩鲁（Francois Perroux）首次提出了增长极理论，后来经过缪达尔、赫希曼等人的补充，增长极理论才逐渐得以完善，形成了一套完整的理论体系[①]。该理论主要用于解释区域经济发展不均衡的问题。

由于一个国家或地区尤其是相对落后的国家或地区，现有的生产要素包括人力、资本、技术等较为稀缺，因此经济的均衡发展是不可能实现的。其中，经济增长极是指那些经济发展水平高同时又能有效促进周边区域经济发展的地区。经济增长极像"磁场"一样，不仅会促进自身发展，还会促使经济产生集聚效益，从而辐射和带动周边其他区域经济发展。

经济增长极对周边地区的影响主要分为两个阶段。第一个阶段是非均衡发展阶段。在这一阶段，增长极会大量吸收周边地区的资源，对周边地区的经济发展产生明显的抑制作用即回波效应（极化效应），进而导致经济增长极与周边地区的经济发展差距不断扩大。第二个阶段是均衡发展阶段。当增长极发展到一定的程度后，扩散效应（涓滴效应）开始显现，各种生产要素开始从增长极流向周边相对落后的地区，带动周边相对落后地区的经济发展，从而缩小经济增长极与周边地区的经济发展差距。

改革开放以来，虽然从纵向角度看，我国内陆地区经济发展水平有较

---

① 颜鹏飞，马瑞. 经济增长极理论的演变和最新进展 [J]. 福建论坛（人文社会科学版），2003（1）：71-75.

大程度提高，但是与沿海发达地区横向对比，内陆地区经济发展水平并不高，生产要素与经济发展条件明显不如沿海发达地区。因此，内陆地区必须集中有限的资源与要素，优先发展增长极，用开放经济的术语来说就是要集中各种资源和要素优先建设开放经济高地，通过增长极的涓滴效应来带动周围落后地区的经济发展。

（二）中心—外围理论

中心—外围理论又称核心—边缘理论①，很多学者如劳尔·普雷维什、缪达尔、赫希曼、弗里德曼等都对该理论进行了阐述，其中弗里德曼（Friedman）的中心—外围理论影响最大，常被用来解释区域发展不均衡现象。

按照弗里德曼的观点，无论哪个国家或地区都是由核心区域和边缘区域共同构成的，二者缺一不可。但核心区域与边缘区域的关系并不对等。核心区域作为一国（地区）最先发展起来的区域，具有人才资源丰富、科研实力强、工业发展水平高和经济发展基础好的优势，凭借这些优势，核心区域又可以不断地吸引外围区域包括人口、资本、劳动力等在内的优质生产要素，不断强化其中心作用，最终形成区域经济发展不平等的格局。从核心区域看，核心区域的发展离不开创新，其不断的创新可以通过外溢现象向周边区域扩散，进而带动周边区域的发展，缩小核心区域与边缘区域的差距，使两者间的界限逐渐模糊，区域关系甚至可能会发生变化，原来的边缘地区有可能成为该国（地区）的新核心区域，最终实现区域空间一体化。

弗里德曼的中心—外围理论很好地解释了区域系统由互不关联、孤立发展、发展不平衡、极不平衡到最终相互关联、平衡发展的发展历程，在这样的发展历程中，处于统治和主导地位的一直是核心区域，边缘区域的发展必须始终依靠核心区域。

（三）梯度转移理论

20世纪六七十年代，克鲁默、海特等区域经济学家以工业产品生产周

---

① 王小玉.“核心—边缘”理论的国内外研究述评 [J]. 湖北经济学院学报（人文社会科学版），2007（10）：41-42.

期循环阶段论为基础，提出了区域发展梯度转移理论①（见图2-1）。该理论认为，经济发展水平差异存在于世界的每个角落，这种差异（梯度）决定了经济发展会从相对较高的梯度区域逐步转移到相对较低的梯度区域。按照梯度转移理论的基本观点，区域主导产业部门在生命周期循环阶段所处的位置直接决定了区域产业结构的优劣，而区域产业结构的优劣又决定了该区域经济发展的好坏。高梯度区域作为要素的流出区域，是创新活动（新管理理念、新技术、新产品、新产业部门）的主要发生区域，其主导产业部门为兴旺部门，区域内经济发展水平较高。但随着时间的推移，在扩散效应的作用下，当高梯度区域的产业不再具备优势时，产业就会转移到下一个梯度，多层次的城市系统是梯度转移的媒介，要素将会按照顺序依次从高梯度区域流向低梯度区域。

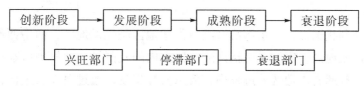

图2-1　工业产品生产周期循环阶段论模型

（四）后发优势理论

20世纪60年代初，亚历山大·格申克龙（Alexander Gerchenkron）提出后发优势理论。该理论指出，相较于先发国家的工业化进程，后发国家的工业化进程可能会有更高的效率，甚至可能会赶超先发国家。

我国学者站在"巨人的肩膀"上，结合我国实际情况，创新性地提出了"后发优势驱动假说"。他们认为，由于学习成本远低于创新成本，所以后发地区通过对先发地区的学习与模仿，可以在学习模仿的过程中获得后发利益，并产生后发优势，并且这种后发优势丝毫不逊色于先发优势。

后发优势主要有两种，即制度性后发优势和技术性后发优势。其中，制度性后发优势是指后发国家（地区）在结合本国（地区）实际的基础上对先发国家（地区）的先进制度进行引进、学习、模仿甚至本土化改造，由此节省了制度创新的时间和成本，从而取得后发效益；技术性后发优势

---

① 王育宝，李国平. 狭义梯度推移理论的局限及其创新［J］. 西安交通大学学报（社会科学版），2006（5）：25-30.

是针对先发国家（地区）的先进技术提出的，后发国家（地区）引进先发国家（地区）的先进技术，再通过模仿、借鉴、吸收和创新等方式实现经济增长。制度性后发优势和技术性后发优势所产生的后发效益使后发国家（地区）具备了追赶甚至赶超先发国家（地区）的可能性。后发国家（地区）模仿、借鉴、吸收先发国家（地区）的技术和先进制度，可以大大节省技术研发和制度创新的时间，也就是说，后发国家（地区）具有因其落后所产生的独特优势条件。这种优势条件不仅不是先发国家（地区）所具备的，也不是后发国家（地区）经过本区域的努力探索出来的，完全是由于后发国家（地区）经济发展水平落后所产生的优势。后发优势是潜伏在经济发展规律中的潜在优势，并不是现实存在的优势，它需要一国（地区）通过自身的努力不断探索、挖掘，才能将这种潜在的优势转化为现实优势。

具体到我国而言，东部沿海经济发达地区是先发地区，而中西部内陆地区是后发地区。因此，包括内陆地区在内的我国经济后发地区在追求经济增长、赶超先发地区的过程中，要从实际出发，通过对先发地区优越制度和先进技术的引进、学习、模仿、改造和创新，充分利用制度性后发优势和技术性后发优势，从而实现内陆地区的开放发展和经济发展。

（五）国际贸易一般理论

国际贸易理论侧重于解释不同国家（地区）进行贸易往来的原因、国际分工和国际贸易的依据及原则。早期对国际贸易理论进行研究的学者主要是亚当·斯密和大卫·李嘉图。

首先，亚当·斯密提出绝对优势理论。在《国民财富的性质与原因的研究》一书中，亚当·斯密从不同国家（地区）绝对成本的角度提出绝对优势理论。该理论认为，一国（地区）在生产某种商品上具有绝对成本优势是该国（地区）参与国际分工和进行国际贸易往来的基础，一国（地区）在开展贸易活动时应该选择生产和出口本国（地区）具有绝对优势的商品，同时进口本国（地区）不具有绝对优势的产品。

绝对优势理论无法解释某些不具备绝对优势的国家（地区）参与国际分工和国际贸易的现实情况，为此，大卫·李嘉图对绝对优势理论进行补充和发展，提出了比较优势理论。比较优势理论以劳动价值论为基础，进一步扩大了国际分工和国际贸易的领域。该理论指出，即使一个国家（地区）在所有产品生产上都不具有绝对的成本优势，但通过生产和出口具有比较优势的产品、进口不具备比较优势的产品的方式，同样可以参与国际分工、进行国际贸易并从中获益。

在斯密绝对优势理论和李嘉图相对优势理论的基础上，郝克歇尔和俄林在 20 世纪 30 年代提出要素禀赋理论。该理论认为，一国（地区）的优势是由其要素禀赋决定的，一个国家（地区）应该谋求生产要素比例与生产要素密度的一致，即出口主要由本国相对充裕的生产要素所生产的产品，进口主要由本国相对稀缺的生产要素所生产的产品。

随着世界各国之间贸易规模的扩大和国际贸易的发展，国际贸易理论也随之逐渐发展和深化，到 20 世纪 60 年代，学术界出现了一系列有关国际贸易的新理论，包括产品生命周期理论、国家竞争优势理论、技术差距理论、规模经济理论、新国家贸易理论等。这一时期，经济学家们以市场结构理论和产业组织理论为基础，通过构建新模型来分析解释国际贸易领域出现的新情况、新现象，从而弥补了传统国际贸易理论的不足，丰富和发展了国际贸易理论。

（六）对外直接投资理论

除对国际贸易进行分析外，不少学者还对国际投资进行分析并提出了相应的国际投资理论。

美国学者斯蒂芬·赫伯特·海默（1960）首先对国际投资展开研究。在对跨国公司对外直接投资的动因进行研究时，海默结合微观经济学中的厂商垄断竞争原理，创新性地提出了"垄断优势理论"。该理论是学术界最早研究对外直接投资的独立理论。该理论指出，大企业从事对外直接投资是基于其特定的垄断优势。

美国哈佛大学教授雷蒙德·弗农（1966）在其著作《产品周期中的国际投资和国际贸易》中提出了"产品生命周期理论"。该理论认为，产品在市场上会经历三个阶段，分别是创新阶段、成熟阶段和标准化阶段，企业在进行经营决策时应当充分考虑其产品正处于哪个生命周期阶段。

英国雷丁大学教授约翰·哈里·邓宁（1977）在全面探讨跨国公司对外直接投资的动机、策略和风险的过程中，提出了"国际生产折衷理论"。20 世纪 80 年代初，邓宁教授将该理论与发展中国家的实际相结合，提出了"投资发展周期理论"。这一理论结合了经济发展周期和企业在竞争中所具有的优势因素，描述并解释了一国的国际投资地位会随着其竞争优势的起伏而产生相应变化的经济现象。

美国哈佛大学教授刘易斯·威尔斯基于发展中国家企业存在的经营范围较小、生产规模较小和技术不够先进等问题，提出了"小规模技术理论"。刘易斯·威尔斯认为，发展中国家跨国公司的竞争优势应该包括三个方面的内容：一是发展中国家的民族产品在国际市场上具有优势；二是拥有小规模生产技术以满足小市场生产；三是低价产品营销策略。

上述有关国际贸易、国际投资以及区域经济发展的相关理论，从不同角度为本书对我国内陆地区建设开放经济高地、推进高水平开放的研究提供了启示和借鉴，对内陆地区通过推进高水平开放促进经济高效率、高质量发展，促进区域经济协同发展和协调发展具有重要借鉴意义。

第三章　内陆地区开放发展的历程与现状

进入 21 世纪以来，我国不断推进对外开放，开放程度不断加深，开放水平逐渐提高。党的十九大明确提出要"推动形成全面开放新格局，推动建设开放型世界经济"，这表明全面建设开放型经济是我国的战略目标，同时我国对于实现这一战略目标具有充分的信心。广阔的市场潜力和丰富的自然资源将使内陆地区成为我国高水平对外开放的重要组成部分，成为我国在全面建设社会主义现代化国家新征程中坚定不移扩大开放、推进高水平对外开放的重要区域；同时，内陆地区作为我国相对欠发达欠开放的地区，其开放型经济建设已经逐步成为我国对外开放战略的重中之重（刘艳婷，2019）①，坚定不移扩大开放、推进高水平对外开放，迫切需要内陆地区加大开放力度、提高开放水平，加速发展开放型经济。

发展开放型经济是内陆地区推动经济结构转型与调整、促进区域经济跨越式发展的良好机遇，因此，不少内陆省份纷纷将发展内陆开放型经济作为重要的区域发展战略，如重庆、宁夏、四川等省份都提出了构建内陆开放型经济高地的重要任务和开放目标，着力发展开放型经济并取得了一定的成效。但内陆地区与沿海沿边地区在开放文化、市场发育程度、经济基础、区位条件、地理环境等方面均存在一定的差异与距离，发展开放型经济面临一系列的问题和制约因素。推进内陆地区扩大开放、高水平开放，需要通过对内陆地区开放发展历程、现状进行梳理和分析，明确内陆地区开放发展的既有模式、发展路径及其取得的成绩、存在的问题以及面临的制约因素，以便针对内陆地区开放发展实际提出新时代推进内陆地区开放发展的思路和具体举措。

---

① 刘艳婷. 内陆地区发展开放型经济的内涵与路径思考 [J]. 现代商业，2019 (36)：81-82.

一、内陆地区开放发展的历程

从我国对外开放的历史以及长期发展趋势来看，内陆开放是全面对外开放的必然要求和必经阶段。内陆开放的历程与中国对外开放格局的形成是紧密联系、密不可分的，因此，在对内陆开放进行研究分析时就需要回顾中国对外开放的发展历程。

1978 年 12 月 18 日召开的中共十一届三中全会，在中国历史上被称为改革开放的起点，它拉开了中国对内改革、对外开放的帷幕。自此，中国共产党领导全国各族人民，不断解放思想、创新理论，在推动改革创新、促进国内生产力极大发展的同时，探索出了一条具有中国特色的对外开放发展道路。中国对外开放战略的顺利实施，离不开对原有经济体制尤其是涉外经济体制的改革。经济体制改革与对外开放是一个问题的两个方面，二者是相辅相成的辩证关系。我国经济体制改革的渐进性特征，使我国对外开放和内陆开放的发展历程也呈现出阶段性特征。本书以我国经济体制改革为脉络，以改革开放为时间起点，在宏观层面上将中国内陆地区开放发展的历程分为三个阶段（赵盼欣，2016）[①]：内陆地区发展开放型经济的基础阶段（1978—1991 年）、内陆地区开放发展的重点阶段（1992—2012 年）和内陆地区开放发展的提质阶段（2013 年至今）。

（一）第一阶段：内陆地区发展开放型经济的基础阶段（1978—1991 年）

1978 年，中共十一届三中全会作出了实行改革开放的伟大决策，中国改革开放就此拉开了帷幕。随着社会主义市场经济体制逐步确立并不断完善，我国对外开放的范围不断扩大，内容不断拓展，开放发展由试办经济特区开始，再到开放沿海港口城市、建立沿海经济开发区、开发开放上海浦东新区，到 1991 年，我国初步形成了由"经济特区—沿海开放城市—沿海经济开发区"构成的沿海地区开放发展格局。沿海地区开放范围和开放内容的不断拓展，为内陆地区开放发展提供了经验，奠定了基础。

---

① 赵盼欣. 我国内陆开放进程回顾及发展机制探究 [J]. 经济研究导刊, 2016 (16)：156-157.

1. 试办经济特区

设立并建设经济特区是我国开放发展的最初尝试。1979 年 7 月，我国提出在深圳、珠海、汕头和厦门试办出口特区的设想；1980 年 5 月，中共中央、国务院决定将"出口特区"改称"经济特区"；在 1980 年 8 月 26 日召开的第五届全国人大常委会第十五次会议上该设想得到通过批准。1988 年 4 月召开的第七届全国人大第一次会议正式批准我国海南岛建省并创办经济特区。试办经济特区是我国对外开放历程中的一个重大步骤，经济特区区域内通过利用国外领先的管理经验、先进技术和外来资金来发展社会主义经济（肖炎舜，2017)[①]。经济特区作为我国经济体制改革试验基地和对外开放的窗口，实行以外向型经济和市场调节为主的特殊经济政策和特殊管理政策，在开放发展方面不断探索、创新，对改革开放初期我国的开放发展起到了示范带头作用。

作为我国经济体制改革的试验基地与示范基地，经济特区在体制机制改革和对外开放方面先试先行，率先实行了多项改革措施，许多成功的经验在全国得到复制推广，比如国有企业股份制改造、劳动保险社会保障体系建设、土地使用权有偿出让和转让、机关干部聘用制、劳动用工合同制以及建筑工程招标承包制等。当前经济特区正在积极推进现代企业制度建设和政府机构、工商管理、口岸管理体制、投资体制、国有资产管理等多方面改革，在开放发展方面具有良好的示范带头作用。

作为我国对外开放的重要窗口，经济特区在地理位置上具有毗邻国际市场的区位优势，在政策上拥有国家赋予的特殊政策优势。经济特区充分利用这些优势大力发展外向型经济，积极融入国际市场，参与国际竞争与合作，当前已经形成了以工业为主导的外向型经济结构。经过改革开放 40 余年的建设与发展，经济特区打造的良好投资环境已成功吸引大批海外客商来华投资，从而使经济特区成为当前中国外商投资最集中的地区。

随着改革开放的不断深化，我国经济特区已经由原来的主要依靠优惠政策阶段进入了充分发挥自身优势和体制机制创新阶段。随着经济全球化的不断发展，经济特区将在建立社会主义市场经济体制、提高对外开放水平等方面继续发挥试验、示范和窗口作用，持续推动中国的改革开放和现代化建设进程。与此同时，面对新时代全面建成社会主义现代化强国的新

---

① 肖炎舜. 中国经济体制转轨与财政政策调控 [J]. 财政研究，2017（2）：2-14.

目标、新要求，经济特区还应进一步加快产业结构调整与升级，加快转变经济发展方式，不断提高经济运行质量与效益，通过多种方式带动并促进内陆地区对外开放与经济发展。

2. 开放沿海港口城市

1984年2月，邓小平同志在视察深圳、珠海、厦门三个经济特区后指出：我们建立经济特区的政策是正确的，除现在的特区之外，可以考虑再开放几个港口城市，这些地方不叫特区，但可以实行特区的某些政策。根据邓小平同志的建议，同年5月，我国在总结创办经济特区经验的基础上，决定进一步开放大连、秦皇岛、天津等14个沿海港口城市①。当时，这14个沿海港口城市的总人口在全国的占比不到8%，但工业基础雄厚，工业产值占全国的五分之一。同时，这些城市在历史上就有广泛的对外联系，推动这些城市进一步对外开放发展并建立经济技术开发区，是我国坚持对外开放、努力实现现代化目标的又一重大步骤。大连、秦皇岛、天津等14个沿海港口城市的开放，标志着我国的对外开放格局在沿海地区从南到北连成了一条线，由此带动了我国整个沿海地带的经济发展。

对这14个进一步开放的沿海港口城市，国家扩大了其经济技术对外自主权②，并给予了区域内前来投资的外商仅次于经济特区的优惠待遇。同时，考虑到这些城市当时的基础设施状况与发展国际经贸往来的要求难以完全匹配适应，刚刚开始的经济体制改革不利于对外商投资的吸引利用，中共中央政治局便提出，这些沿海港口城市可以在有条件的基础上划定一个有明确地域界限的区域，兴办新的经济技术开发区。经济技术开发区内实行类似经济特区的政策，着重打造外商投资环境，为外商在沿海港口城市进行投资提供比较集中、有利的场所。

3. 建立沿海经济开放区

1985年2月，党中央决定进一步扩大沿海地区开放区域，先后将长江三角洲、珠江三角洲、闽南厦漳泉三角地区和环渤海地区开辟为沿海经济

---

① 14个沿海港口城市分别是大连、秦皇岛、天津、烟台、青岛、连云港、南通、上海、宁波、温州、福州、广州、湛江、北海。

② 具体来看，14个沿海港口城市的政策扶持措施主要包括：①扩大对外经济活动的自主权，包括利用外资建设项目的审批权。②对外商投资的生产性企业所得税减按24%的税率征收。③支持老企业的技术改造，实行税前还贷；为此进口的关键设备5年内（后延长至1993年）免征关税和进口环节的工商统一税；国家还为这些城市先后拨出28.2亿美元的外汇额度，用于技术改造。④除北海和温州两市外，其他12个市创办经济技术开发区，并给予类似经济特区的政策支持。

开放区。此轮开辟的沿海经济开放区共包含41个市218个县。对沿海区域的进一步扩大开放使我国在沿海地区从南到北形成了一条包括2亿多人口的开放地带，使我国对外开放形成了由点到线再由线扩张到面的进一步扩大开放格局。

随着《长江、珠江三角洲和闽南厦漳泉三角地区座谈会纪要》的发布，开放3个地区和2个半岛的工作便陆续展开。自1985年国家提出沿海地区经济发展战略、决定进一步扩大沿海开放区域起，就对这些区域给予了包括扩大对外自主权、对外商投资的税收优惠和简化外商出入境手续等在内的一系列优惠政策[1]。这些优惠政策有效吸引了外商前来投资办厂，由此推动了区域内的经济发展，人民生活水平显著提高[2]，沿海经济开放区的经济面貌发生了巨大变化。

我国沿海经济开放区的建立经历了由小到大、先"小三角"后"大三角"的发展过程。沿海经济开放区的建立，是我国改革开放和社会主义现代化建设过程中具有重要战略意义的开放布局，它使我国对外开放区域由城市扩展到广大农村，开放范围逐渐拓展，大大扩大和拓宽了对外开放的地域范围和开放领域。

4. 开发开放上海浦东新区

1990年6月2日，党中央、国务院正式决定实施对上海浦东新区的进一步开放和开发，并决定在浦东新区内实行某些经济特区和经济技术开发区的特殊经济政策。这一重大举措进一步推动了上海浦东这个长江流域腹

---

[1]　相关优惠政策主要包括：①适当扩大这些地区内省辖市人民政府及某些县人民政府对利用外资进行老企业技术改造和建设新厂的审批权限；②国务院各有关部门和有关省（直辖市）人民政府，对这些地区发展出口增加创汇的重点行业、企业的技术改造，在资金安排、设备供应、技术指导等方面，要积极支持，优先安排；③在这些城市的市区、县的城关区（或经省、直辖市人民政府批准的重点工业卫星镇）举办的中外合资企业、中外合作经营企业及外商独资企业，属于生产性项目和科研项目的，其企业所得税可以按现行税法规定的税率打八折征收，地方所得税是否减免，可由省（直辖市）人民政府决定；④这些地区内的中外合资企业、合作经营企业及外商独资企业，外商作为投资进口的用于本企业生产和管理的设备、建筑器材，为生产出口产品而进口的原材料、元器件、零部件、包装物料等，企业进口自用的交通工具、办公用品（限合理数量），投资的外商和国外技职人员进口安家物品和自用的交通工具（限合理数量），凭省（直辖市）或省辖市人民政府主管部门的证明文件，免征关税和进口产品税或增值税；⑤扩大外贸出口经营权；⑥为了发展沿海经济开放区出口商品的生产，中国银行对那些具有发展前途和创汇能力的项目，提供优惠的外汇贷款，用以引进先进技术、设备和优良品种；⑦要从多种渠道筹集资金，加强基础设施建设，沿海经济开放区内的省辖市，报经省人民政府和中国人民银行批准，可以在当地发行专项债券或股票，集中群众中的闲散资金，用于经济建设项目。

[2]　区域内年人均GDP在2003年就达到了3 000美元，接近中等发达国家水平。

地的开发开放和经济发展。

按照不同的功能定位，浦东新区设立了 4 个功能小区，它们分别是陆家嘴金融贸易区、金桥出口加工区、外高桥保税区和张江高科技园区。目前，4 个功能区经过奋力开拓和艰苦创业，已开始全面出效益、出功能和出形象。①陆家嘴金融贸易区地理位置优越，与市中心仅一江之隔，当时规划面积总计 28 平方千米，是我国唯一一个以金融贸易功能命名的开发区。目前，该区域已经形成"百鸟争栖"的可喜局面，区域内各类金融商贸机构云集，同时还吸引了大量的外商直接投资和国内各地的投资，发展前景十分广阔。②金桥出口加工区地处浦东新区中部，当时规划面积总计 27.38 平方千米，作为国务院批准设立的第一个以"出口加工区"命名的经济开发区域，金桥出口加工区涵盖了出口加工、商业服务、贸易经营和生活居住四大功能，并致力于发展成为一个先进的出口加工基地。③外高桥保税区是当时中国大陆面积最大的保税区，也是我国的第一个保税区。目前，保税区内具有保税性质的产业规模正在逐步积聚和扩大，自由贸易区的经济功能效应日趋显著。④作为上海面向 21 世纪的国家级高新技术产业开发区，张江高科技园区以周围及浦西的高等院校和科研院所为依托，以雄厚的工业基础和科研实力作为后盾，充分利用上海技术优势的重新组合和对地区局部优势的挖掘开发，强化区域内的智力、技术、科研条件，通过高新技术产业的开发和发展，促进浦东新区的发展和浦东"龙头"地位的确立。

在沿海地区开始开放发展并逐步扩大开放区域和开放领域的这一发展阶段，由于内陆地区处于产业梯度转移的末端，相较于东部沿海地区，其开放发展在政策层面尚未引起人们的注意。沿海地区对外开放向纵深发展为我国初步形成"经济特区—沿海开放城市—沿海经济开放区—内地"的全面对外开放格局提供了助推力，沿海地区经济发展战略促使东部沿海地区与内地开展广泛而深入的联合和协作，进而逐渐形成优势互补、相得益彰的横向经济关系（李强华，2019）①；同时，也拓展了我国与世界各国展开经济技术交流合作的渠道，为内陆地区加快对外开放步伐奠定了良好的基础（余稳策，2019）②。

---

① 李强华. 邓小平海权思想和实践及其对加快建设海洋强国的启示 [J]. 鲁东大学学报（哲学社会科学版），2019, 36（6）：1-7.

② 余稳策. 新中国 70 年开放型经济发展历程、逻辑与趋向研判 [J]. 改革, 2019（11）：5-14.

（二）第二阶段：内陆地区开放发展的重点阶段（1992—2012年）

1992—2012年是我国内陆地区开放发展的重点阶段。在这一阶段，我国的对外开放区域逐步由经济特区、沿海地区延伸到沿江、沿边地区以及内陆地区，对外开放范围不断扩大，对外开放质量逐渐提升。对外开放的宽度和深度不断拓展，使我国的开放发展实现了从局部开放到全方位开放的过渡，中国全方位对外开放格局逐步形成。

1. 沿边、沿江及内陆省会城市的全面开放

1992年，以邓小平同志南方谈话和党的十四大为标志，改革开放进入了一个新的历史阶段，改革开放的步伐越走越快，对外开放的区域也由沿海地区向沿边①、沿江及内陆省会城市延伸。在这一阶段，国家先后开放了13个沿边城市②、6个长江沿岸城市、18个内陆省会城市，先后批准了32个国家级的经济技术开发区、52个高新技术开发区、13个保税区，开放了34个口岸。自此，我国形成了由沿海、沿江、沿边和内陆地区构成的多层次、全方位、宽领域的对外开放新格局。随着开放范围的扩大，开放领域的拓展，我国的开放发展进入多层次、全方位、宽领域阶段，我国与世界的经济联系越来越紧密。

在推动沿边、沿江及内陆省会城市全面开放时，国家鼓励企业（包括外商投资企业）按照产业政策对基础产业、基础设施和技术密集型产业进行投资。同时，国务院还批准上海、北京等6个城市和5个经济特区各试办1到2个外商投资商业零售企业，批准63家外资（或中外合资）银行（或金融机构）在5个经济特区以及上海、天津、大连、广州、宁波、青岛、南京等地开展外币业务，对原来禁止或限制外商投资的行业如房地产、旅游和金融保险等行业也展开了开放试点，我国对外开放领域不断拓展。

在这一时期，我国取消了进口调节税，降低了3 371种进口产品的关

---

① 当时，国务院赋予沿边开放城市的主要政策有：①扩大边境开放城市发展边境贸易和对外经济合作的权限。②鼓励内地企业（包括外商投资企业）到沿边开放城市投资。③批准举办14个边境经济合作区（包括丹东）。合作区进行基础设施建设所需进口机器、设备及其他基建物资等免征进口关税和产品税，国家"八五"期间每年专项给每个合作区1 000万元固定资产贷款用于建设。

② 13个沿边城市分别是：吉林的珲春，黑龙江的绥芬河、黑河，内蒙古的满洲里、二连浩特，新疆的伊宁、塔城、博乐，云南的瑞丽、畹町、河口，广西的凭祥、东兴。

税，由此促进了我国对外贸易的蓬勃发展。同时，随着鼓励外商投资开放政策的实施，外商来华投资数量大幅度增加，截至 2006 年末，在我国注册的"三资"企业已达到 27.5 万户，外商投资企业的发展推动了我国对外贸易的发展以及经济增长、经济发展。

2. 加入世界贸易组织

2001 年 12 月，我国成功加入世界贸易组织（World Trade Organization，WTO），成为世贸组织成员。自 2001 年加入世界贸易组织开始，我国对外开放逐步由政策型开放向制度型开放转变。入世后，在充分考虑国内经济社会承受能力和经济发展需要的前提下，我国采取先试验，在取得成功经验后再推广的方式，逐步走出了一条成功的渐进式对外开放之路。在加入WTO 以前，我国对外开放具有明显的政策型开放特点；在加入 WTO 之后，我国对外开放就由政策型开放转向了制度型开放①。制度型开放是一种更高层次的对外开放模式，它推动着我国对外开放质量不断提高。由此可见，加入 WTO 不仅推动了我国全方位、多层次、宽领域对外开放格局的形成，还为中国开放型经济融入世界经济创造了条件，为内陆地区开放发展提供了契机。

过去，受经济发展水平低、交通条件落后和地理位置偏僻等因素的限制，内陆地区处于产业转移的最末端，使得我国内陆地区在开放水平、规模和层次上都落后于东部沿海地区。在我国对外开放新格局基本形成后，中央开始重视内陆地区的经济发展和对外开放。在这一阶段，国家主要采取了三大举措以促进区域经济协调发展，这三大举措分别是西部大开发、中部地区崛起和东北老工业基地振兴。

（1）2000 年 10 月，中共十五届五中全会决定把实施西部大开发、促进地区经济协调发展作为一项重要的战略任务，在资金、技术、人才等生产要素方面都向中西部尤其是西部地区倾斜。2004 年和 2010 年，国务院都提出了深入实施"西部大开发"战略的建议和措施。

（2）2004 年 3 月，温家宝总理首次提出"中部地区崛起"战略，力求在中部六省②建立一个中部经济区，促进中部六省的经济发展和共同崛

① 制度型开放具有以下特点：①由过去有限范围和有限领域的市场开放，转变为全方位的市场开放；②由过去单方面为主的自我开放，转变为中国与 WTO 成员之间双向的相互开放；③由过去以试点为主的政策型开放，转变为在法律框架下的可预见的开放。

② 中部六省是指湖北省、山西省、河南省、安徽省、湖南省和江西省。

起。为推动中部地区崛起，党和政府出台了相应政策，推出了相应举措，2012 年发布的《国务院关于大力实施促进中部地区崛起战略的若干意见》提出了一系列促进中部地区在新时期加快崛起的意见和建议。

（3）随着改革开放的持续深入，2003 年 10 月，中共中央、国务院以东北地区为振兴对象发布了《关于实施东北地区等老工业基地振兴战略的若干意见》，该文件明确了实施东北地区等老工业基地振兴战略的指导思想、方针任务和政策措施。2009 年国务院出台相关文件，进一步提出了振兴东北地区老工业基地的若干意见。随着老工业基地振兴战略的不断推进，东北地区经济发展的步伐逐渐加快。

（三）第三阶段：内陆地区开放发展的提质阶段（2013 年至今）

进入新世纪尤其是新时代以来，为深化对外开放，抓住国际发展战略机遇期，党中央在 2013 年开始了自由贸易试验区（以下简称"自贸区"）建设。2013 年 9 月 27 日，中国设立了第一个自贸区——中国（上海）自由贸易试验区。随后，在上海自贸区的示范带动作用下，历时 10 年，历经 7 轮扩张建设，随着 2023 年 11 月 1 日中国（新疆）自由贸易试验区的挂牌，我国已成功设立 22 个自由贸易试验区①。在此期间，2018 年开始启动海南全岛自由贸易试验区建设并推动海南建设自由贸易港。与此同时，我们逐步推进"走出去"战略、发起共建"一带一路"倡议、设立丝路基金、创办亚投行、推动创建金砖国家新开发银行等，这一系列举措推动我国逐步形成全方位、宽领域、深层次的全局性对外开放格局，内陆地区开放发展由此步入提质阶段，逐步往高水平开放方向迈进。

1. 加快自贸区和自贸港建设

自 2013 年起，我国积极推进自由贸易试验区和具有中国特色的自由贸易港建设。

一方面，我国积极推进自贸试验区建设，推动自由贸易试验区成为我国新一轮开放型经济发展的重要平台。2013—2023 年，中国经历 7 轮自贸区建设，先后批准设立了 22 个自贸试验区（见表 3-1），形成了覆盖我国东西南北中的自贸区建设格局和开放创新格局。当前，自贸区已经成为促进我国新一轮开放型经济发展的新平台、新高地。自贸区通过推行人力资

---

① 22 个自贸区分别包括上海、广东、天津、福建、辽宁、浙江、河南、湖北、重庆、四川、陕西、海南、山东、江苏、河北、云南、广西、黑龙江、北京、湖南、安徽、新疆。

源先行先试政策、出台负面清单管理制度、完善监管体系等举措，不断吸引外资加速聚集到自贸试验区内，推动自贸试验区成为区域贸易、投资增长的重要引擎和区域招商引资的新高地。截至 2023 年底，22 个自贸区累计部署 3 400 多项改革试点任务，共向全国复制推广 302 项制度创新成果，外贸进出口额 7.67 万亿元，同比增长 2.7%，以不到千分之四的国土面积贡献了全国超 18% 的进出口总额。

表 3-1　中国自贸区建设情况

时间	批次（个数）	地区
2013 年	第一批（1 个）	上海自贸区
2014 年	第二批（3 个）	广东、福建、天津自贸区
2016 年	第三批（7 个）	辽宁、河南、浙江、湖北、重庆、四川、陕西自贸区
2018 年	第四批（1 个）	海南自贸区
2019 年	—	上海自贸区临江新片区
2019 年	第五批（6 个）	山东、江苏、广西、河北、云南、黑龙江自贸区
2020 年	—	海南自贸港
2020 年	第六批（3 个）	北京、湖南、安徽自贸区以及浙江自贸区扩容
2023 年	第七批（1 个）	新疆自贸区

另一方面，我国积极探索中国特色自由贸易港建设，推动自贸港成为我国新一轮开放型经济发展的新标杆。建设具有中国特色的自由贸易港是我国进一步扩大对外开放的重要举措，也是新时代党和国家在充分考虑国内发展大局的基础上，深入研究、统筹规划、科学布局而作出的重大战略决策。海南自由贸易港作为我国内地唯一一个自由贸易港，将致力于建设成为具有更强辐射带动作用、更优营商环境和更高经济开放层次的关键性开放新高地、新标杆，致力于成为海上丝绸之路重要战略支点、全球国际服务贸易中心，以及中国面向印度洋、太平洋的重要对外开放门户，为加快"泛南海经济合作圈"构建提供重要支撑。同时，海南自由贸易港还在积极探索搭建"1+N"政策体系，加快形成与高度开放形态相适应的体制机制。这一系列探索创新不仅有助于推动海南开展更为务实高效的对外战略合作，还将为建设中国特色自由贸易港提供先行先试的经验借鉴。

2. 共建"一带一路"倡议的提出与推进为内陆地区开放带来新机遇

2013年，习近平总书记首次提出共建"一带一路"倡议。作为我国为推动经济全球化深入发展而提出的国际区域经济合作新模式，共建"一带一路"倡议致力于打造政治互信、经济融合、文化包容的利益共同体、责任共同体和命运共同体。2015年3月，国家发展改革委、外交部、商务部联合发布《推动共建丝绸之路经济带和21世纪海上丝绸之路的愿景与行动》，阐述了共建"一带一路"倡议的原则、框架思路、合作重点和合作机制。该文件指出，共建"一带一路"倡议以沿线中心城市为支撑，以重点经贸产业园区为合作平台，依托国际大通道联合沿线各国共同打造中国—中南半岛、中蒙俄、新亚欧大陆桥等国际经济合作走廊；同时，充分利用内陆地区纵深广阔、资源丰富、产业基础较好的天然优势，将成都、郑州、武汉等内陆城市打造成为内陆开放新高地。可见，共建"一带一路"倡议将位于我国内陆腹地的成都、郑州、武汉等城市纳入了共建"一带一路"倡议的战略部署，对内陆地区开放发展赋予了新的使命和任务，同时也给内陆地区开放带来新的发展机遇。在共建"一带一路"倡议背景下，内陆省份应把握开放发展新机遇，继续锐意改革，坚定不移地推进对外开放，逐步形成内陆地区开放发展新高地。

二、内陆地区开放发展的现状：成效与问题并存

本书研究的内陆地区是相对于沿海和沿边地区而言的，具体是指位于大陆腹地、远离海岸线和国家边境线的地区。改革开放以来，我国内陆地区通过国家政策的扶持以及自身的努力，对外开放取得明显进步，开放发展成效显著，但与此同时，内陆地区在开放发展过程中也存在一些问题，成效与问题并存是当前内陆地区开放发展现状的基本特征。

（一）开放载体平台快速发展，但区域辐射带动效应仍然不强

近年来，内陆地区开放载体平台呈现出快速发展的态势。从数量和种类上看，内陆地区开放的载体平台数量较多、种类较为丰富。截至2020年底，内陆地区共设有7个自由贸易试验区，46个综合保税区和77个国家级经济技术开发区。

从开放发展成效来看,改革开放以来特别是党的十八大以来,我国内陆地区开放发展取得显著成效。

(1) 以自贸区为代表的开放载体已成为内陆地区招商引资的金字招牌。当前,内陆地区已设有7个自由贸易试验区。自贸区吸引了大批国内外大企业、大项目集中落地,自贸区引资质量不断提高,项目支撑不断强化,为内陆地区做大做强传统贸易、培育新业态新模式创造了良好的基础条件。

(2) 开放平台已成为拉动内陆地区进出口高速增长、外贸主体活力不断提升的重要引擎。例如,2020年1—11月,四川全省跨境电商共实现交易额385.4亿元,其中进口额74.7亿元,出口额310.7亿元。在全省385.4亿元的跨境电商交易额中,仅成都综试区就实现交易额379.4亿元,同比增长104%,其中进口74.4亿元,出口305.0亿元;此外,泸州、德阳、绵阳综试区交易额分别达到1.8亿元、2.9亿元、1.4亿元,成为内陆地区对外贸易新的增长点。

(3) 综合立体交通枢纽在内陆地区全面布局。近年来,湖北、重庆、四川、陕西和河南五个省份围绕高标准自由贸易区建设,推动陆空互动、多式联运的现代综合交通、物流枢纽加速形成,内陆地区基本形成综合立体交通枢纽全面布局局面。综合立体交通枢纽的全面布局,使内陆地区交通运输体系、物流体系逐渐完善,由此推动了要素配置效率和质量显著提高。

(4) 区域合作日益深化。近年来,为深化改革、有效扩大开放并提升开放水平,内陆省份积极推动区域经济合作,不断拓展合作范围和合作领域。例如,河南大力推动"五区联动"建设,以"四条丝绸之路"为纽带联通陆海、沟通欧亚、辐射全球,深化与开放通道周边区域(国家)的经贸合作;陕西与新疆、青海、宁夏、甘肃共享自贸试验区创新平台,与宁波等沿海港口城市就海铁联运国际货运班列展开合作。

尽管内陆地区开放平台载体建设取得了上述成效,但是,内陆地区开放平台载体的建设仍存在一些问题,主要表现为开放平台产业功能趋同、同质化竞争较严重,开放平台载体所处区域内部空间支撑不足、城镇化支撑乏力,区域内配套的对外贸易流通网络与开放平台载体的连通性不强,等等。这些问题导致内陆地区开放平台载体的区域辐射带动效应仍然不强,会对内陆开放型经济发展形成一定程度的遏制。

（二）内陆开放型经济体制机制建设取得新成就，但不协调、不可持续问题较为突出

党的十八大以来，以共建"一带一路"倡议为统领、以开放载体平台为创新新高地的内陆开放型经济体制机制建设工作全面推进，内陆开放型经济体制机制不断完善。

近些年来，内陆地区借助营商环境优化推动自贸区建设，借助政府服务创新推动贸易和投资便利化，在开放型经济体制机制建设方面取得了明显成效。

（1）商事制度改革加快推进。例如，重庆通过创新政府服务企业的方式提升政府的服务效率和能力，实施企业登记全程电子化，节省企业到政务大厅办事的时间成本；四川在国家级开发区和自贸试验区内开展"证照分离"改革，不断简化企业办证流程。

（2）贸易便利化和投资便利化程度不断提高。在对外贸易方面，内陆口岸布局更加完善，功能不断拓展，服务共建"一带一路"倡议的能力也不断增强，其中，陕西、四川、重庆、山西和河南五个省份的加工贸易产业集群加速形成，已成为内陆地区引领国际贸易发展的重要支撑。在投资方面，实施准入前国民待遇加负面清单的管理模式，促进了内陆开放型经济体制机制的转型升级和创新发展。

在开放型经济体制机制建设取得明显成效的同时，内陆地区在服务开放型经济发展的金融保障体系建设、区域合作制度完善和营商环境优化等方面不协调、不可持续的问题仍然较为突出。

（1）金融体系保障方面，内陆地区关于吸引外资机构入驻的有效政策措施不太完善，在对外投资和吸引外资方面的体制机制建设仍然较为滞后。

（2）区域合作方面，由于内陆地区13个省份间没有配套的跨区域治理资源和顶层设计，所以出现了内陆地区部分省份各自为政、治理资源浪费、产业结构趋同等问题，这不利于内陆开放平台极化效应和扩散效应的发挥。

（3）营商环境方面，我国总体呈现出"东高西低"的格局，即西部内陆地区的营商环境整体落后于东部沿海地区，而且这种差距呈现出营商硬环境差距缩小、软环境差距扩大的特征。营商环境欠优会制约内陆地区扩

大开放、高水平开放，不利于内陆开放型经济进一步深化和发展。

（三）贸易规模不断扩大、贸易结构不断优化，但发展不平衡、不充分问题仍然存在

2008 年全球金融危机爆发后，国际市场陷入了短暂的低迷期，我国内陆地区的对外贸易也受到影响。但随着中国经济的快速恢复和发展，内陆地区 13 个省份的国际贸易规模自 2010 年起便呈现出不断扩大的趋势，到 2020 年，内陆地区 13 个省份进出口额累计已达到 40 904.9 亿元[①]，国际贸易已经成为推动内陆地区经济发展的主要动力之一。

内陆地区在不断扩大对外贸易规模的同时，也在不断优化和改善贸易结构。

（1）在贸易方式方面，加工贸易逐渐成为内陆地区参与国际分工的主要途径。在内陆地区 13 个省份中，山西、陕西、重庆、河南和四川 5 个省份参与国际贸易均以加工贸易为主，其余 8 个内陆省份则以一般贸易为主。

（2）在进出口产品结构方面，工业制成品已成为内陆地区开展国际贸易往来的主要贸易品。其中，内陆地区出口产品构成已经由原来的初级产品和工业制成品"并驾齐驱"的格局逐步转变为以工业制成品为主，内陆地区整体出口结构不断优化。例如，2020 年河南共出口高新技术产品 2 460.72 亿元，占当年全省出口总额的 60.39%；2020 年重庆共出口高新技术产品 3 144.48 亿元，占当年全市出口总额的 75.09%。从进口产品构成结构看，技术密集型产品的进口总额和占比呈现不断增加的态势，进口技术密集型产品带动内陆地区自主创新和产业结构优化的效应正在日益加强。

在内陆地区对外贸易规模扩大、贸易结构逐渐优化的同时，内陆地区国际贸易区域间发展不平衡、省域内发展不充分的问题仍然存在。

从对外贸易发展的区域差距来看，内陆地区 13 个省份的外贸发展差距较大。2020 年，甘肃进口总额为 41.5 亿美元，青海进口总额为 1.3 亿美元，与四川、重庆等省份比起来，进口贸易总额仍然较小，外贸对经济的拉动作用也较小，国际贸易区域间发展不平衡的问题依然较为突出。

从内陆地区各省份内部看，对外贸易发展不平衡、不充分的问题仍然

---

① 根据《中国统计年鉴—2020》整理所得。

存在。比如，2016 年和 2020 年，重庆进口高新技术产品总额分别为862.08 亿元和 1 582.35 亿元，占全市当年进口总额的比重分别为 58.95%和 68.03%，占比上涨近 10%，然而由于本地企业的学习、模仿、创新能力不足和外方企业核心技术保密等原因，进口贸易的技术溢出效益发挥有限。2020 年，四川货物贸易进出口总额达到 8 081.9 亿元，与 2019 年相比增长 19%，其中仅成都就实现进出口总额 7 154.2 亿元，比上年增长22.4%，成都进出口总额占全省进出口总额的比重达到 88.5%，省内其余地区对外贸易发展不足，全省外贸成都"独大"的不平衡发展格局仍然没有根本性改变。

（四）外商投资"质""量"齐升，但结构性矛盾依然存在

由于内陆省份在资源禀赋、经济规模、产业基础、市场规模、基础设施建设、区域性外资政策、科技投入和劳动力成本等方面存在差异，内陆地区吸引外商直接投资的水平也存在差异（肖文 等，2016）[①]。

2008—2019 年，东部地区吸引 FDI（外商直接投资）在全国的占比呈现出逐渐降低的态势，但其占比仍然高于中西部内陆地区；而中部、西部和东北地区引进和利用外商直接投资数额在全国的占比虽低，却呈现出逐年递增的态势，这表明我国内陆地区对外商投资的吸引力正在不断增强。尤其是 2015 年以来，随着我国内陆开放型经济体制机制的不断完善，开放载体平台和开放通道建设的提质增速，不少内陆地区成为继浙江、江苏、广东等外贸大省之后备受外商直接投资青睐的区域。与此同时，我国外商投资的区域布局也逐渐趋于合理，如 2020 年四川全省新设外商投资企业（机构）842 家，比上年增长 24.6%；累计设立外商投资企业（机构）13 826家；全年实际利用外资 100.6 亿美元，其中外商直接投资 25.5 亿美元，增长 2.9%，引进利用外商直接投资规模居中西部第 1 位。

当前，内陆地区外资流入呈现出第一产业最少、第二产业为主、第三产业增速最高的特征，外商投资的行业布局日益优化。以湖南为例，2019 年湖南全年实际使用外商直接投资 181.01 亿美元，其中，第一产业 7.2 亿美元，增长 15.7%；第二产业 80.31 亿美元，与 2018 年数据基本相同；第三产业 93.5 亿美元，增长 24.96%，形成了第二产业是吸引外商直接投资的

---

① 肖文，韩沈超. 地方政府效率变动对企业"走出去"的影响：基于 2004—2012 年省级面板样本的检验［J］. 浙江大学学报（人文社会科学版），2016，46（1）：184-199.

主阵地、第三产业外商直接投资迅速增长的局面。

总体来看，内陆地区吸引外商投资的变动趋势与全国一致，但是，吸引和利用外商投资的"结构性矛盾"仍然存在。

（1）从对外投资规模来看，内陆地区企业"走出去"能力不足，对外投资规模仍然较小。例如，2020年，陕西44家境内投资企业对20个国家（地区）的48家境外企业进行了非金融类直接投资，投资金额为3.4亿美元，同比下降29.8%；同年，江西对外实际投资金额为18.45亿美元，与同期广东1 620.3亿美元、浙江158亿美元、江苏283.8亿美元的对外投资额相比差距十分显著。

（2）从外商投资的区域分布来看，区域不均衡的问题依然存在。内陆地区与东部沿海地区相比，外资流入规模仍然较小。如2020年，四川实际利用外资100.6亿美元，同期浙江、江苏实际使用外资数额分别为158亿美元、283.8亿美元，与浙江、江苏相比，四川利用外资规模明显不足。

三、内陆地区发展开放型经济的比较优势和制约因素

与沿海沿边地区相比，内陆地区发展开放型经济有其独特性。推进我国内陆地区开放发展，需要弄清楚内陆地区开放发展的比较优势和制约因素。相对于沿海沿边地区，我国内陆地区开放既具有自身的比较优势，又存在相应的制约因素。

（一）内陆地区发展开放型经济的比较优势

内陆地区发展开放型经济在资源禀赋、产业结构、国际贸易等方面具有一定的比较优势和制度性后发优势。本部分以要素禀赋理论和静态、动态比较优势理论为理论基础，对内陆地区发展开放型经济的资源禀赋比较优势、产业结构比较优势、国际贸易比较优势和制度性后发优势进行系统分析（汪萌萌，2019）①。

1. 内陆地区发展开放型经济的资源禀赋比较优势

资源禀赋又称要素禀赋，是指一个国家（地区）拥有的包括劳动力、

---

① 汪萌萌. 内陆开放型经济的比较优势及其提升策略 [J]. 管理工程师，2019, 24 (6): 1-8.

土地、技术和资本等在内的各种生产要素。本书对内陆地区资源禀赋的分析具体体现在区位资源、土地资源、劳动力资源、矿产资源的拥有量上，属于静态比较优势的范畴。

（1）区位资源禀赋方面。随着我国全面对外开放战略的不断推进以及共建"一带一路"倡议的深入推进，内陆地区的地理区位比较优势正在逐渐被释放，成为推动内陆地区对外开放和经济发展的重要推动力。比如，位于京津唐、长三角、珠三角和成渝地区双城经济圈之间的河南省，当前已经发展成为综合立体交通枢纽和通信枢纽；依靠内河的安徽建立了国家一类开放口岸——芜湖港，当前芜湖港已开辟多条直通海外的国际航线，初步形成了畅通海内外的航运网络。

（2）土地资源禀赋方面。本书采用可耕地面积考察内陆地区的土地资源，采用粮食种植面积考察内陆地区的农业土地资源。具体来看，内陆地区 13 个省份中除了重庆和湖北之外，其余 11 个内陆省份均具有土地资源方面的比较优势，尤其是河南、山西、安徽、青海、宁夏和贵州具有较强的土地资源优势。在农业土地资源方面，内陆地区除了处于山区、丘陵和高原地带的重庆、河北、陕西和青海外，其他内陆省份在农业土地资源方面均具有比较优势，尤其是河南、安徽和甘肃 3 个省份的农业土地资源最为丰富，比较优势也最为显著。

（3）劳动力资源禀赋方面。本书采用人口总数考察内陆省份的劳动力资源情况。根据 2020 年各省统计公报数据计算内陆地区 13 个省份的人口资源禀赋系数，可以看出湖北和重庆的人口资源禀赋系数都小于 1，表明它们在人力资源方面没有比较优势；与之相反，其余 11 个内陆省份的人口资源禀赋系数测算结果都大于 1，表明这些地区具有劳动力资源比较优势，其中安徽、贵州和甘肃 3 个省份表现出了较强的劳动力资源比较优势。

（4）矿产资源禀赋方面。内陆地区矿产资源丰富，具有较强的矿产资源比较优势，尤其是随着西部大开发等内陆开发开放发展战略的不断推进实施，矿产资源方面的禀赋优势已成为内陆地区发展开放型经济、开展国内外能源矿产互补合作的重要依托。具体来看，青海的钾、铝、石棉，贵州的汞，陕西的钼，甘肃的镍、铜、锌等矿产资源具有明显的比较优势。

2. 内陆地区发展开放型经济的产业结构比较优势

通过对 2020 年内陆地区三大产业区位熵的计算可以发现（见表 3-2），就第一产业而言，除以山地高原为主要地形的山西和客观上不适合农业发展的"山城"重庆的第一产业区位熵值小于1以外，其余内陆省份第一产业的区位熵值都大于1，这表明我国大部分内陆地区在农业发展上具有比较优势，农业发展专业化程度较高，尤其是区位熵值排名前五的贵州（1.86）、甘肃（1.74）、四川（1.49）、青海（1.45）和湖南（1.33）五省在农业发展上表现出了较强的竞争力；同时，河南（1.27）、湖北（1.24）、江西（1.14）、宁夏（1.13）、陕西（1.13）和安徽（1.08）等内陆省份在农业发展方面也具有一定的比较优势。

从第二产业来看，2020年，13个内陆省份中河南、江西、陕西、宁夏、安徽、重庆、湖南、湖北、青海和山西第二产业区位熵值都略大于1，表明这些地区的第二产业正处在加速集聚发展的阶段，比较优势正在累积但仍不突出。其中，山西和陕西第二产业区位熵值最高，为1.15；甘肃的第二产业区位熵值最低，为0.84，说明甘肃的工业发展专业化程度不高。

从第三产业看，内陆省份中第三产业区位熵值大于1的只有甘肃（1.01），且甘肃第三产业区位熵值仅仅略大于1，这不能说明该省在服务业上具有比较优势和较高的专业化水平，因为甘肃第三产业区位熵值大于1的主要原因在于甘肃总体经济规模相对较小。除甘肃外，内陆其他省份第三产业区位熵值均小于1，表明我国内陆地区的服务业尚不具有比较优势，服务业发展还处于相对滞后的状态。

近年来，内陆地区高端制造业快速发展，在国内外市场上具有了一定的竞争力。具体而言，四川在卫星应用、计算机芯片、软件等行业的整体实力处于全国领先的位置；河南当前已经成为我国重要的新材料生产基地和生物能源生产基地，其省会城市郑州更是全球重要的智能手机生产基地；湖北在北斗导航、航空航天、数控机床等装备制造领域具有较强的比较优势，尤其是电子信息产业现已成为全省发展最快的优势产业。由于内陆地区在土地资源、劳动力资源、区位、政策等方面具有明显的比较优势，再加上内陆地区相对完整的工业体系，使得内陆地区能够有效地降低高端制造业的研发成本和生产成本，成本的降低将进一步推动内陆地区高端制造业的崛起与发展，使内陆地区第二产业实现了由低成本一般制造向低成本研发和低成本高端制造的"双低优势"转化，由此进一步提升了内陆地区机电产品和高新技术产品的国际竞争力。

表 3-2　2020 年内陆地区三大产业区位熵统计表

类别	四川	河南	江西	陕西	甘肃	宁夏	贵州
第一产业	1.49	1.27	1.14	1.13	1.74	1.13	1.86
第二产业	0.96	1.1	1.14	1.15	0.84	1.09	0.92
第三产业	0.96	0.89	0.88	0.88	1.01	0.92	0.93
类别	安徽	重庆	湖南	湖北	青海	山西	
第一产业	1.08	0.94	1.33	1.24	1.45	0.7	
第二产业	1.07	1.06	1.01	1.04	1.01	1.15	
第三产业	0.94	0.97	0.95	0.94	0.93	0.94	

3. 内陆地区发展开放型经济的国际贸易比较优势

如表 3-3 所示，分析内陆地区出口产品结构可以发现，我国内陆地区 13 个省份中除青海以初级产品为主要出口产品外，其余 12 个省份的主要出口产品均为工业制成品。对内陆省份 2020 年的对外贸易数据进行整理和统计分析可知，陕西、重庆、四川、山西和河南 5 个省份在加工贸易产业方面具有较强的比较优势，加工贸易正在逐步成为部分内陆开放大省推动贸易结构升级的重要抓手。从主要贸易主体来看，河南、陕西、四川的主要贸易主体为外商投资企业，重庆、陕西的主要贸易主体是外商企业。可以看出，内陆地区发展外向型经济的成果较为明显，在贸易结构上具有一定的比较优势。

同时，内陆省份在贸易产品结构方面正处于由以资源和劳动密集型产品为主导过渡到以资本和技术密集型产品为主导的阶段。根据对 2020 年我国内陆省份进出口高新技术产品和机电产品数据的计算分析可知，开放型经济发展较好的内陆省份，其高新技术产品的显性比较优势指数值均大于 2，其中河南为 3.25，山西为 3.01，贵州为 2.73，表明这 3 个省份的高新技术产品在国际市场具有较强的竞争力；河南、山西和贵州在机电产品方面也具有较为显著的比较优势，其 RCA 值分别为 1.73、1.45 和 1.21，在国际市场上同样具有较强的竞争力。

表 3-3　2020 年内陆地区国际贸易情况

省份	主要出口产品	主要出口方式	主要贸易主体
河南	工业制成品	加工贸易	外商投资企业

表3-3(续)

省份	主要出口产品	主要出口方式	主要贸易主体
安徽	工业制成品	一般贸易	民营企业
湖南	工业制成品	一般贸易	民营企业
湖北	工业制成品	一般贸易	民营企业
山西	工业制成品	加工贸易	外商投资企业
江西	工业制成品	一般贸易	民营企业
四川	工业制成品	加工贸易	外商投资企业
贵州	工业制成品	一般贸易	民营企业
重庆	工业制成品	加工贸易	外商企业
陕西	工业制成品	加工贸易	外商企业
甘肃	工业制成品	一般贸易	国有企业
青海	初级产品	一般贸易	私营企业
宁夏	工业制成品	一般贸易	民营企业

4. 内陆地区发展开放型经济的制度性后发优势

从我国对外开放的发展历程和发展现状来看，东部沿海地区属于先发地区，中西部内陆地区是后发地区。作为后发地区，我国内陆地区在发展开放型经济时具有一定的制度性后发优势。这种制度性后发优势主要表现在内陆地区可以在充分结合自身实际以及资源禀赋基础的前提下，通过引进、模仿、学习等方式，吸收借鉴发达地区推进开放型经济体制建设的经验，以补齐自身在外资结构、产业结构、技术创新、人才支撑和营商环境建设等方面的短板，从而有效推动内陆地区加快开放步伐、提高开放水平，加快内陆开放型经济发展。

（1）内陆地区发展开放型经济的制度性后发优势，充分体现在技术研究与开发环节、产品的生产与市场销售环节。在技术的研发阶段，内陆地区有条件的省份可以对国内外先进的技术进行模仿并加以创新性改进，从而减少研发过程中不必要的成本投入，避免资源浪费，规避技术探索中可能存在的风险点与失误点，降低技术研发过程中的各种不确定性。在产品生产阶段，内陆地区可通过对先进技术的研究和模仿，放大复制效应，同时在消化吸收先进技术的过程中有所创新，以技术创新来推动内陆地区走出参与国际贸易时陷入的"低端嵌入"困境，提高自身参与国际价值链分工的地位。

（2）内陆地区发展开放型经济的制度性后发优势，充分体现在学习借鉴各项体制机制创新方面。如跨区域对外开放合作机制、外贸可持续发展机制、外商投资管理体制、市场配置资源机制、金融制度的创新以及开放平台载体（包含自贸区）的制度创新等，学习借鉴这些成功的体制机制创新经验可以有效缩短制度的筛选、评估、跟进和推广时间，减少甚至避免许多因政策"试错"而产生的高额成本费用。

同时，制度性后发优势还能为内陆地区带来一系列正向效应，例如降低国际贸易交易费用和风险、提高要素双向流动效率、优化改善营商环境、提高区域合作效率等正向效应，从而进一步提高内陆地区发展开放型经济的速度和效率。

（二）内陆地区发展开放型经济的制约因素

尽管我国内陆地区在发展开放型经济方面具有多方面的比较优势，利用好这些比较优势可以促进内陆地区开放程度深化、开放水平提高。但是，内陆地区先天不足的区位条件及其经济发展尤其是开放型经济发展方面的多方面不足，成为内陆地区发展开放型经济、推进高水平对外开放的制约因素。

1. 区位劣势导致内陆地区物流成本过高

长期以来，我国内陆地区"不沿江、不沿边、不沿海"的区位条件，使其形成了相对封闭的环境；地形的复杂以及交通运输物流体系的不健全，阻碍了内陆地区与外界人流、物流等方面的顺畅联系，限制了内陆地区开放发展的空间。当前，海运因其便宜稳妥的优势已成为国家（地区）间货物贸易往来的主要运输方式。但与沿海地区相比，内陆地区地处偏远，与出海港口距离较远。同时，我国地形特征决定了东部沿海地区地势较为平坦，中西部地区以丘陵、山地为主，物流业依托的基础设施建设难度较大、所需成本偏高。此外，多年来内陆地区发展相对滞后也使得内陆各地对物流配套设施的建设考虑不足、建设滞后，物流服务功能不健全，涵盖保险、仓储、包装、信息、金融、运输等服务环节的现代物流服务体系在多数内陆地区尚未形成，多种原因造成内陆地区物流成本相对较高。物流成本较高这一劣势导致内陆地区的企业在承接国际产业转移和快速对接国际市场时遭受层层阻碍，例如，贵阳与深圳的公路距离虽然只有 1 400 千米左右，但这段距离产生的货运成本却很高，相当于海运 52 000 千米产生的货运成本，高企的运输成本对包括贵阳在内的内陆地区发展对外贸易形成了严重的瓶颈"阻塞"效应（刘庆和，2019）[1]。

另外，区位劣势导致的内陆地区企业、政府和居民对外开放意识较为落后也是制约内陆地区发展开放型经济的重要因素（程健 等，2013）[2]。由于内陆地区多地处我国中西部山地，长期以来与国际市场的连接较弱，从而使得内陆地区整体对外开放意识不够强，大多数内陆企业缺乏主动融入国际市场寻求新发展优势的意识，即使部分内陆企业走出了国门，但其参与国际分工的能力仍然较弱，内陆企业在产品品牌打造、质量监管、营销策略制定、技术标准体系建立和市场布点等方面都还欠缺长远的战略性考虑。在信息网络化、竞争全球化的今天，内陆地区不少企业对于跨地区的竞争、合作、交流、学习和借鉴缺乏主动性，不熟悉、不了解与国际市场对接融合的标准、途径。部分内陆地区的政府对于微观经济的干预还较多，资源要素自由流动的开放环境尚未形成。

2. 传统产业转移承接模式不利于内陆地区产业结构优化

在内陆地区扩大开放的过程中，除了一些受地理因素影响较小的新兴产业外，内陆地区的其他产业形态大多依旧需要与沿海沿边地区对接，在与周边地区的区域性、次区域性合作基础上才能更好地融入国际市场。当前内陆地区承接产业转移以建设发展工业园区的方式为主。通过建设工业园区承接产业转移的模式虽然为内陆地区引进外资、承接国际和国内的产业转移进而打入国际市场带来了机遇，但内陆地区承接的主要是产业链的低端生产环节，这容易导致内陆地区被锁定在产业链的低端，不利于内陆地区扩大开放与可持续发展，长此以往，内陆地区与沿海沿边地区的经济发展差距将进一步拉大。

内陆地区扩大开放、高水平开放应以产业结构优化为中心，只有如此才能更好地融入国际市场。产业结构优化的前提是产业结构的合理化，而产业结构合理化要求产业与产业间具有较好的协调性，在动态均衡过程中不断提高产业发展水平。内陆地区扩大开放的路径之一是产业在空间上的梯度转移，即国际和我国沿海发达地区将相对过剩或淘汰的产业转向内陆

---

① 刘庆和. 内陆开放型经济的发展路径 [J]. 当代贵州, 2019 (14): 80.

② 程健, 邢珺. 内陆开放面临的矛盾与创新 [J]. 开放导报, 2013 (6): 43-45.

地区。但是这种产业梯度转移必须结合被转移地区的自身特点和经济发展实际，否则将不利于被转移地区的经济发展，甚至会导致产业承接失败。

目前，与沿海发达地区相比，我国内陆地区普遍存在产业层次较低、技术研发能力较弱、高端人才匮乏的问题。在这样的背景下，不加选择地承接落后产业、淘汰产业，不仅不利于内陆地区产业结构的优化升级，甚至还会强化内陆地区产业结构的落后状态，影响内陆地区经济的发展壮大和崛起。对内陆地区扩大开放面临的与产业结构调整、优化相矛盾的问题必须予以高度重视。

3. 过度依赖优惠政策阻碍内陆地区形成完善的市场经济体制

以优惠政策助推开放，是我国对外开放的一大重要特点，而且当前仍然是支撑我国内陆地区加快对外开放步伐的重要且有效的手段，也是启动并激发内陆地区发展开放型经济的重要驱动力。但目前内陆地区过度依赖政策支持来发展开放型经济的发展模式与扩大开放、高水平开放的要求难以适应，内陆地区扩大开放、推进高水平开放迫切需要改变依赖政策支持的发展模式，通过完善市场经济体制促进开放型经济的发展。

在体制机制及政绩考核等因素的共同影响下，依赖政策支持发展开放型经济的发展模式常常导致内陆地区区域间招商引资恶性竞争，有的地方政府不计成本招商引资，招商引资中过分关注外资数量而忽视外资质量等现象不时出现。在地方政府与中央政府的"政策博弈"、区域间"优惠政策"竞赛的驱动下，内陆地区尽管成功吸引了一大批外资企业在区域内落户安家，但这些企业大部分都是低效益、高成本、低价值、高污染、低技术、高能耗的粗放型企业，这样的企业入驻不利于内陆地区持续扩大开放，更不利于内陆地区推进高水平对外开放。

对外开放是市场经济的基本特征之一，一国（地区）发展开放型经济的一大重要作用就是促进区域内资源要素的合理优化配置，而这一重要作用的充分发挥需要有健全完善的市场经济体制和环境作支撑。只有拥有统一开放的市场体系，一国（地区）才能实现资源要素配置的最优化和效益的最大化。内陆地区主要依靠政府的优惠政策来发展开放型经济，这种发展模式虽然可以在短时间内启动并加速开放作用的发挥，推动资源要素的流动，但长期依靠优惠政策形成的对外开放比较优势，是建立在资源要素价格扭曲等基础之上的虚假开放优势，与我们要建立的社会主义市场经济方向存在偏离，最终将导致"政策引致性扭曲"局面发生（张婷 等，2015）①。这种政策引致性扭曲一方面表现为要素市场的扭曲，它会导致国民利益的大量对外流失；另一方面，它会将内资与外资置于不公平的竞争环境，产生外资对内资的"挤出效应"。因此，完全依靠优惠政策助推内陆地区对外开放会导致市场体制机制的力量被排挤，使市场难以发挥对资源配置的基础性作用，更不可能发挥对资源配置的决定性作用。

可见，要推动内陆地区实现扩大开放、高水平开放目标，就必须要有一个统一、公平、自由且法制完备的市场环境和完善的市场经济体制，充分发挥市场在经济发展中的重要作用，以企业和居民为主体，促进制度的自发变迁。

4. 自主创新能力不足导致内陆地区在全球价值链、产业链中处于低附加值环节

增强自主创新能力是内陆地区实施开放型经济创新驱动发展战略的重要举措（汪萌萌，2019）②，但目前内陆地区发展开放型经济的创新与真正意义上的自主创新仍然存在较大的差距。具体来说，内陆地区在发展开放型经济的过程中对外技术依存度较高，自主创新尤其是原创能力不强，这就导致内陆地区在全球产品价值链和国际产业链中长期处于低附加值环节。具体而言，内陆地区自主创新主要存在三个方面的问题。

（1）创新驱动的体制机制障碍仍然存在。开放型经济创新驱动发展战略的实质是要破除一切制约创新驱动的体制机制障碍，让市场在资源配置中发挥决定性作用（张二震 等，2016）③。但是，目前内陆地区仍然存在许多阻碍创新驱动发展战略实施的体制机制障碍，例如，激励创新行为的知识产权保护制度不健全；制约创新的行业垄断和市场分割现象仍然存在；限制新技术新产品新商业模式发展的不合理准入障碍仍然存在；等等。

（2）内陆地区企业欠缺整合全球创新要素的能力。过去内陆地区由于受到自身要素禀赋结构的制约，在国际要素分工合作中主要处于"被整

① 张婷，程健. 内陆开放型经济的困局及其模式创新 [J]. 国际经济合作，2015（1）：51-55.
② 汪萌萌. 创新引领内陆开放型经济高水平发展的对策研究 [J]. 创新科技，2019，19（7）：44-50.
③ 张二震，戴翔. "新常态"下江苏开放型经济发展的重点难点及对策 [J]. 群众，2016（2）：32-34.

合"的地位。随着我国产业结构调整和一系列对外开放战略的实施，尤其是共建"一带一路"倡议的推进，内陆地区集聚全球生产要素的"量"和"质"都逐步提高。但是，"集聚"和"整合"是两个不同的概念，尽管内陆地区的要素集聚能力逐渐增强，但目前内陆地区企业"走出去"整合全球生产要素尤其是创新要素的能力仍然较弱。

（3）内陆地区企业的创新驱动发展主体地位仍不稳固。近年来，内陆地区虽然在完善市场经济体制方面取得了显著成效，但市场在资源配置中的决定性作用仍未得到充分发挥，内陆地区企业微观活力不足仍然是制约其创新效应释放的重要因素之一。因此，内陆地区对经济发展尤其是开放型经济发展的政府干预还需要进一步减少，市场环境还需要进一步优化，竞争机制还需要进一步完善，企业市场活力和创新动力还需要进一步强化。

第四章　RCEP 框架下内陆地区开放
发展的机遇

　　《区域全面经济伙伴关系协定》（RCEP）是到目前为止我国签署的含金量最高、规模最大的自由贸易协定，其签署和生效是我国推动区域经济一体化发展的新的里程碑。RCEP 15 个成员国的经济体量、贸易总额和人口总量均占全球总量的 30% 左右，经济平均增速高达 5.2%，是引领世界经济增长的"火车头"，经济发展潜力巨大。从全球来看，在北美自由贸易区和欧盟之外，东亚经济圈在 RCEP 签署之前尚缺乏完整有力的制度支撑。RCEP 的签署和生效使得这一区域在国际分工与竞争中占据了更加有利的位置。

　　作为 RCEP 的重要成员国，中国当前与 RCEP 其他成员国间的贸易总额约占我国对外贸易总额的 1/3，RCEP 成员国巨大的经贸规模将为我国带来巨大的开放发展新机遇，给内陆地区外向型经济发展提供一个更加广阔的市场空间。该协定生效后，90% 以上的进出口商品最终将实现零关税，从而可以有效降低协定区域内产品和原材料购进成本，有望增加企业利润，降低产品价格，增强市场竞争力，这就为支持和帮助内陆地区企业走出国门、助力内陆地区装备和优质产品出口并享受进口方优惠关税待遇提供了有力保障。

　　尽管 RCEP 为内陆地区开放发展带来多方面的机遇，但能否抓住机遇推进扩大开放和高水平开放，很大程度上取决于内陆地区与 RCEP 贸易伙伴国之间的贸易基础和对 RCEP 的利用能力。在我国，内陆地区多深居大陆腹地，不沿边、不靠海，进出口总量相对较小。不过，随着我国对外开放步伐逐渐加大，内陆省份在全面扩大开放方面持续发力，主动对接国家共建"一带一路"倡议，积极打造内陆地区对外开放"新高地"，对外贸易发展势头良好，进出口总值近年来多保持较快增长，外贸结构持续优化，各类开放平台建设取得新进展，对外开放口岸逐步增加，这些都为内陆地区充分利用 RCEP 带来的发展机遇推进企业出口转型、打通国际市场进而实现外贸发展飞跃提供了坚实基础。但同时也要认识到，面对 RCEP 带来的开放发展机遇，内陆地区在具有有利条件的同时，在对外开放特别是进出口贸易方面也存在诸多不利因素，如对外贸易总量偏小，外贸依存度总体较低；进出口商品种类相对单一，工业行业专业化程度较低，新业态、新领域发展相对缓慢；贸易主体不强，进出口龙头企业带动效应不强，新兴外贸主体发展相对较慢；区域发展不均衡，内陆省份中进出口发展城市集中度过高，城市和城市之间外贸发展呈现两极化局面。

可见，RCEP 对内陆地区开放发展既是机遇又是挑战。一方面，RCEP 的签署和生效使我国外贸市场扩大，这对于有竞争实力和能够很好运用政策的进出口企业是机遇；另一方面，随着 RCEP 的签署和生效，我国国内市场会更加开放，RCEP 的其他成员国和成员地区产品可以更加方便、容易地进入国内市场，这将加剧国内市场竞争，倒逼国内企业成长。因此，欲借 RCEP 签署和生效之机促进国内国际双循环，内陆地区应牢牢把握机遇，增强对 RCEP 的运用能力，围绕 RCEP 提供的机遇和可能，打造更加开放的外贸发展平台，深入挖掘外向型经济发展潜力，促进地缘优势和产业特色优势充分发挥。

一、RCEP 签署的价值及意义

当前，世界百年未有之大变局加速演进，世界进入新的动荡变革期。新型冠状病毒感染疫情影响深远，逆全球化思潮抬头，单边主义、贸易保护主义使全球经济发展受挫，世界经济复苏乏力，原有的以 WTO 为核心的世界经济贸易组织的作用不断被削弱，局部冲突和动荡频繁发生，各种不确定性明显增强。在这种时代背景之下，世界急需灵活性更强、开放程度更高的国际贸易组织。RCEP 的签署彰显了中国及其他 RCEP 成员国积极推动自由贸易、多边主义和区域经济一体化发展的努力态度，展示了合作共赢的发展战略，它是推动东亚区域经济一体化进程的重大里程碑，为世界经济复苏带来了新的希望（卢国学，2020）[①] 和新的机遇。

（一） RCEP 概述

自 2013 年起，历经 8 年、经过 31 轮正式谈判，RCEP 终于在 2020 年 11 月 15 日正式签署并于 2022 年 1 月 1 日起正式生效。RCEP 最早由东盟十国发起，邀请了与其已签订自贸协定的中国、日本、韩国、澳大利亚、新西兰和印度 6 国加入，致力于通过打造一个"10+6"的大规模自贸区，推动亚洲区域经济一体化发展。印度出于 RCEP 可能扩大本国的贸易逆差以及对农业带来强烈冲击等担忧，于 2020 年退出谈判。在印度缺席的情况下，RCEP 最终达成了 15 国协定。

作为一个以发展中国家为主体的区域自由贸易协定，RCEP 同时也是世界上成员经济体量最大、结构最多元、人口数量最多、发展潜力最大的区域贸易协定。截至 2019 年的统计数据显示，15 个成员国涵盖全球约 22 亿人口，占全球总人口的 30%；GDP 总和达到 25.6 万亿美元，占全球经济总量的 29.3%；区域内贸易额 10.4 万亿美元，占全球贸易总额的 27.4%。相较于区域内原有的自贸协定，RCEP 涵盖的经济区域更广，涉及的内容更全面、更丰富，主要包括货物、服务、投资、知识产权、经济技术合作、中小企业合作、电子商务、法律条款等领域，因此，RCEP 并不会与区域内已签署的自贸协定产生冲突。

RCEP 的核心目的是减少关税和复杂的贸易程序。与成员国间原有的自贸协定相比，RCEP 最重大的变化之一是为成员国建立了共同的原产地规则，这将使成员国企业能够轻松地在 RCEP 成员国之间运输产品而无须担心每个国家的具体原产地标准或每个生产步骤。RCEP 的共同原产地规则将降低供应链遍及整个亚洲的公司的成本，并可能鼓励向 RCEP 国家出口产品的跨国公司在该自贸区内建立供应链。

RCEP 自贸区的建成，不仅将对所有成员国之间的经济和贸易发挥非常积极的作用，也将对东亚以至整个世界经济发展产生巨大影响。该协定可以看作"世界百年未有之大变局"背景下具有重要意义的积极因素之一，它可以帮助中国积极参与多双边区域投资贸易合作机制，推动中国参与新兴领域经济治理规则的制定，提高中国参与国际经济发展和金融治理

---

① 卢国学. RCEP 签署的边际效应 [J]. 中国发展观察，2020（22）：27-29.

的能力，同时可以有效促进全球治理格局朝着有利于中国经济社会发展的方向演进，对于当前中国更加积极有效地加入和引领区域经济一体化、推进新型全球化具有非常重要的意义，我们必须用好 RCEP 并使其充分发挥作用。

（二）RCEP 对中国的意义

RCEP 的目标是在成员国间建立现代、全面、高质量、互惠共赢的经济伙伴关系，以改善区域内的贸易、投资环境，推进贸易投资自由化、便利化的实现，促进区域内的双边贸易合作和投资增长。RCEP 的签署和生效是我国实施自贸区战略取得的重大成果，该协定对我国构建开放型经济新体制和形成国内国际双循环相互促进的新发展格局有着重大意义。

1. 扩大中国与其他成员国之间的贸易活动

从货物贸易层面看，RCEP 其他 14 个成员国均是中国重要的贸易伙伴。其一，受中美经贸摩擦的负面影响，以及英国正式脱欧后欧盟和英国对华贸易额分开计算形成的统计口径变化的影响，中国与美国、欧盟的双边贸易额出现下降；其二，随着"走出去"战略和共建"一带一路"倡议的持续推进，中国与东盟十国的双边贸易额在世界经济低迷的大背景下呈现出强劲的增长势头，2020 年东盟十国历史性地超越美国和欧盟，成为我国第一大贸易伙伴；其三，日本、韩国和澳大利亚分别成为中国的第四、第五和第八大贸易伙伴，而中国已经连续多年成为东盟十国、韩国、澳大利亚和新西兰的第一大贸易伙伴。因此，RCEP 成员国对中国对外贸易具有显著影响。RCEP 的签署和生效不仅能够显著降低 RCEP 区域内贸易品的关税，扩大降税货物范围，促进协定缔约方的出口贸易规模进一步增长，而且有利于成员国通过扩大进口更好地满足各自的生产和消费需求。

同时，在 RCEP 更加统一的原产地规则和区域累积原则下，更多商品将被认定为原产地商品，从而享受关税减免待遇，这将显著降低区域内成员国之间的贸易成本。

此外，RCEP 针对海关通关手续的各种有效管理措施和货物快速通关措施的实施，将进一步简化海关程序，显著提升区域内货物贸易供应链效率，提高区域内商品流动自由度和贸易便利化水平，由此将有助于扩大中国与 RCEP 其他成员国之间的经济贸易活动，促进对外贸易发展和经济增长。

2. 维护中国在全球产业链的枢纽地位

RCEP 成员国具有多元化的经济结构，经济互补性较高，而且区域内劳动力要素充足，资本和技术要素齐备。随着 RCEP 的签署和生效运转，区域内货物贸易、服务贸易和投资领域等各种市场准入门槛逐步降低，原产地规则逐步统一，海关程序进一步简化，市场开放程度持续提高，由此将促进各类生产要素在成员国间自由流动，有助于强化成员国之间的生产分工与经贸合作，带动消费市场扩容升级。这不仅能够推动区域内产业链、供应链和价值链进一步发展融合，而且有助于进一步维护中国在全球产业链的枢纽地位。

一方面，随着国际产业转移和重组进程的加快，全球产业链和价值链逐步形成"上下游双环流"的大格局，中国当前已经成为连接发达国家和发展中经济体产业链和价值链的交汇国，既为发达经济体提供原材料和中间产品，又为新兴经济体提供最终产品，是上下游"共轭环流"式国际分工的核心节点型枢纽国家之一。同时，自 2001 年以来，亚洲区域贸易占全球贸易的比重整体呈现上升趋势，随着 RCEP 的生效，区域内关税和非关税障碍将被进一步消解，成员国间的经贸投资依存度将进一步提升，这将对中国在东亚区域内的产业链重塑产生推动作用，有助于强化中国在东亚地区价值链、供应链和产业链中的核心地位。

另一方面，RCEP 的签署和生效将为中国与东盟成员国之间开展经贸合作提供新的契机，从而助推我国产业链继续向上跃升。从出口产品类型看，中国与东盟十国之间的出口结构重合度相对较高，如机电设备、纺织品、矿产品和化学工业品等均是主要出口商品。基于与东盟十国之间出口结构重合度相对较高的现实情况，我国应当充分利用 RCEP 带来的整合机遇，努力推进部分附加值较低的低端产业和中间产品向东南亚国家转移，自己则转向附加值相对较高的高端产品和最终产品出口，从而加快国内产业结构升级优化，进一步助推我国产业链向中高端跃升。

3. 进一步推进人民币国际化进程

随着共建"一带一路"倡议的持续深入推进，我国在"一带一路"共建国家和周边国家培养对人民币的真实需求，通过推动跨境贸易人民币结算提高中国与周边国家的贸易关联程度，继而不断扩大人民币的国际市场份额，人民币国际化进程逐渐得到强化。RCEP 的签署和生效将有助于进一步推进人民币国际化进程。

一是可以利用 RCEP 推动区域内以人民币作为计价货币进行跨境大宗商品交易，使人民币的计价货币功能得到进一步强化。二是不断使用人民币兑换被投资国家的货币，通过生产要素的流动强化人民币资金流转，加速人民币的交易频度，促进其支付结算和储备功能的增强，放大人民币兑换的乘数效应。三是通过积极参与 RCEP 区域内产业链、供应链和价值链的融合，不断扩大人民币的真实需求，保持人民币在国际贸易和国际投资环节上的结算强度，扩大人民币结算规模并降低结算成本，放大人民币结算的集聚效应。四是通过中国企业在 RCEP 成员国当地开展贸易和投资活动，利用技术优势和制造能力等相对优势，生产出具有更强竞争力的产品，继而实现通过进口挤占渠道激发人民币交易的替代效应，使人民币国际化程度显著提高。

4. 改善中国面临的外部环境

在中美关系方面，近年来两国实力的相对变化使美国政府认定中国为其战略竞争对手并对华采取遏制政策。特朗普政府时期，中美贸易摩擦和技术竞争日益激烈，两国经贸关系恶化，中国所面临的外部环境日趋严峻。拜登政府更加重视其西方盟友的重要作用，强调规则和价值观因素，但对华遏制的基本方向没有发生根本改变。在这种情况下，中国应当高度重视拜登政府在双边机制和多边机制下对一些领域的规则重塑，积极应对美方在产业补贴、知识产权、国际贸易规则等方面带来的变化。在特朗普政府主导下经济全球化进入退潮期，区域经济一体化发展模式成为全球经贸合作的主要形式，在此背景下诞生的 RCEP 具有在一定程度上对冲中美关系恶化对我国造成的不利影响、改善中国外部环境的战略意义。

一方面，RCEP 的成功签署表明中国持续对外开放、加强国际贸易和金融领域双边合作以及推动技术合作实现区域经济一体化和协同发展的决心。中国通过更加紧密地发展与 RCEP 成员国的经贸关系，可以强化自身发展的稳定性。

另一方面，当前一些 RCEP 成员国采取了"经济依赖中国，安全依赖美国"的策略，RCEP 的正式签署和生效有助于我国在亚洲地区国际政治关系方面占据主动地位，通过加强与成员国之间的经贸联系强化相互间的政治关系。

此外，美国政府在奥巴马执政时期曾推出《跨太平洋伙伴关系协定》（Trans-Pacific Partnership Agreement，TPP），拜登政府一旦通过改革 WTO

和重塑国际贸易规则来遏制中国效果不佳，将会考虑重拾 TPP 以达到重返亚太和孤立中国的目的。而 RCEP 的签署和生效将促进中国加速构建"双循环"新发展格局中的外部循环，为内部循环提供外部市场和营造外部需求，从而改变中国在国际经济领域的被动局面。

二、内陆地区与 RCEP 成员国间的经贸往来概况

日本、韩国、澳大利亚、新西兰和东盟十国是我国重要的经贸合作伙伴，同时也是我国内陆地区的重要合作伙伴，这些国家在我国内陆地区对外贸易、投资等方面占有重要地位。多年来，在各国政府及工商界人士的不懈努力下，内陆地区与这些国家间的经贸合作日益频繁，贸易领域不断扩展，贸易规模日渐扩大。本部分借助内陆地区各省市统计年鉴，对内陆地区与 RCEP 成员国的经贸往来现状进行描述性统计分析。

（一）在对外贸易方面，RCEP 成员国是内陆地区最大的贸易伙伴

从内陆地区与 RCEP 成员国双边贸易的绝对数和占比情况看，内陆地区与 RCEP 成员国双边贸易规模较大，互为彼此重要的贸易伙伴。2019 年，内陆地区 13 个省份对 RCEP 成员国进出口额累计达到 12 231.4 亿元，占内陆地区外贸进出口总额的 30%，所占份额较大①。其中，内陆地区对 RCEP 成员国出口额累计约 6 388.89 亿元，占内陆地区出口总额的 25%，可见，RCEP 成员国是内陆地区重要的出口市场。进口方面，RCEP 成员国是内陆地区重要的进口来源国。2019 年，内陆地区对 RCEP 成员国的进口额累计约为 5 849.6 亿元，同年内陆地区进口额累计为 15 370.7 亿元，内陆地区 13 个省份对 RCEP 成员国的进口额占内陆地区进口总额的 38.06%，所占份额最大。从贸易差额来看，2019 年我国内陆地区与 RCEP 成员国之间的贸易呈现顺差状态，贸易顺差额约为 539.29 亿元。

从具体地区和国别看，东盟、韩国、日本是我国在 RCEP 区域最重要的贸易伙伴，我国与澳大利亚和新西兰的双边贸易还有进步空间。从对 RCEP 成员国的进出口贸易总额看，内陆地区与各国的进出口贸易差异比

---

① 缺失青海的数据。

较显著。2019 年，东盟、韩国、日本分别为内陆地区在 RCEP 区域的第一、第二、第三大贸易伙伴，内陆地区与三者的贸易额分别高达 5 598.49 亿元、2 976.58 亿元和 2 343.24 亿元，该贸易额占内陆地区与 RCEP 成员国贸易总额的比重分别达到 45.77%、24.34% 和 19.16%。目前，内陆地区与澳大利亚和新西兰的双边贸易规模相对不大，还有一定的进步空间。数据显示，2019 年内陆地区 13 个省份对澳大利亚、新西兰的进出口总额分别为 1 229.17 亿元和 83.93 亿元，在内陆地区与 RCEP 成员国贸易总额中的占比分别只有 10.05% 和 0.69%，占比较低，相互间贸易发展空间较大。

从出口贸易看，东盟占据了内陆地区在 RCEP 区域出口贸易的"半壁江山"。2019 年，内陆地区 13 个省份对东盟出口货物总额高达 3 648.37 亿元，在 RCEP 区域所占份额高达 57.11%，所占份额最大，表明东盟是内陆地区重要的出口市场。从进口贸易看，东盟、韩国、日本都是内陆地区重要的进口来源国。2019 年，内陆地区与三国（地区）的进口额分别为 1 952.48 亿元、1 754.84 亿元和 1 304.6 亿元，所占份额分别为 33.38%、30% 和 22.3%，呈现出内陆地区进口来源国"三足鼎立"的特征。

分析贸易差额情况可知，内陆地区与 RCEP 成员国间的贸易是顺差逆差贸易并存。内陆地区与东盟十国以出口贸易为主，与日本、韩国、澳大利亚和新西兰以进口贸易为主。

（二）在外资引进方面，RCEP 成员国是内陆地区引进利用外资的重要来源地

RCEP 区域是我国内陆地区外资的重要来源区域之一，但由于区位、政策等因素影响，内陆省份在利用 RCEP 成员国直接投资上存在明显差异。内陆省份引进利用 RCEP 成员国直接投资主要有四种类型。

一是获得的 RCEP 成员国直接投资处于较高水平，且总体上呈现较为平稳的趋势。如 2017 年和 2019 年的数据显示，陕西省利用 RCEP 成员国的直接投资在全省引进利用外商直接投资总量中所占比重分别为 40.91% 和 42.11%，保持在较高水平，对 RCEP 成员国的投资具有较强的吸引力。其中，2019 年陕西省吸引 RCEP 成员国外商投资项目共计 52 个，合同外资金额 28 878 万美元，实际利用外资总计达到 325 455 万美元。

二是吸引 RCEP 成员国投资处于上升趋势，未来有很大发展空间。如山西省 2019 年吸引 RCEP 区域外商投资项目 9 个，合同外资 8 575 万美元，

实际外资 18 306 万美元，在全省引进利用外资总量中的占比有所上升；相较 2017 年，项目个数在全省总量中的占比由 4.17%上升至 12.5%，合同外资占比从 0.66%上升至 3.51%，实际利用外资占比从 4.4%上升至 13.47%。可见，山西省对 RCEP 成员国的投资吸引力有所增强，未来发展潜力巨大。河南、宁夏、安徽等省份与山西省情况类似。

三是吸引 RCEP 区域外资项目个数与实际利用外资金额呈现"一正一负"的特点。2017—2019 年，湖南省引进 RCEP 成员国项目数量从 63 个减少为 21 个，但实际利用外资金额却从 2017 年的 78 008 万美元增加至 92 064 万美元，这反映了单个外资项目平均投资额有所增加，投资质效有所提升。

四是在 RCEP 区域，日本、韩国和东盟为内陆地区的主要投资来源地，且东盟的直接投资占比快速提升。如 2019 年，陕西省实际引进利用日本、韩国和东盟的直接投资分别为 37 569 万美元、240 581 万美元和 47 092 万美元，分别占全省实际利用外资总量的 4.86%、31.13%和 6.09%，其中东盟的直接投资占比由 2017 年的 2.46%增加到 2019 年的 6.09%，上升较为显著。但普遍来看，RCEP 各成员国的直接投资在内陆地区的外资利用总量中所占份额不高，占比低于我国港澳台地区对内陆地区的直接投资。不过，随着 RCEP 的生效和"双循环"战略的持续推进，内陆地区对 RCEP 成员国的投资吸引力会进一步增强，双方在投资领域有很大的发展空间。

三、RCEP 给内陆地区开放发展带来的机遇

目前，我国正加快构建以国内大循环为主体、国内国际双循环相互促进的新发展格局，在此背景下，RCEP 签订并于 2022 年 1 月 1 日正式生效。RCEP 区域巨大的经贸规模将助推我国经济外循环发展，给内陆地区发展外向型经济提供广阔的市场空间，带来新的发展机遇。

（一）扩大开放合作，为内陆地区双循环格局提供全新引擎

RCEP 的签署和生效将有利于提升内陆省份在国内国际两个市场上进行资源合理配置的能力，推动内陆地区与 RCEP 成员国展开全方位、深层次、宽领域的经贸合作。

一方面，内陆地区要优化方案，抢抓国际市场。作为目前全球最大的自贸区，RCEP 成员国的 GDP、贸易量均占全球总量的 30% 左右，其内在产业链、供应链具有极大发展潜力。充分利用 RCEP 带来的发展契机，内陆地区可以不断扩大与 RCEP 成员国的开放合作，运用"以外为主、内外相辅"的贸易模式打造经济发展新引擎。抓住 RCEP 提供的与 RCEP 成员国经贸合作的便利大力发展与 RCEP 成员国的贸易和投资往来，需要内陆地区外贸企业结合自身实际，仔细研判各项综合性多边协议的具体条款，在产品、生产线、采购和出口等方面灵活组合，设计出更具竞争优势和区域特色的贸易方案，提高国际市场占有率。

另一方面，内陆地区要取长补短，着力开拓国内市场。RCEP 的签署和生效，不仅打破了成员国间的投资和关税壁垒，也加快了技术、服务和资本流动，形成"贸易创造"效应。内陆地区在与 RCEP 其他成员国进行贸易往来的同时，需要总结出口转内销遇到的各类问题，积极学习国外先进技术和营销理念；同时，深化供给侧结构性改革，深挖内需潜力，主动引导外商投资区域和项目。在与 RCEP 其他成员国进行经贸合作的过程中要坚持立足自身枢纽优势，加快形成国际国内资源要素引力场，加快形成国内国际两个市场同步发展、相互循环的贸易格局。

（二）商品流通更加便利，推动内陆地区贸易高质量发展

在协定区域内实现贸易自由化和贸易便利化是 RCEP 的首要任务。

首先，协定生效后，RCEP 区域内 90% 以上的货物贸易最终将实现零关税，其中，RCEP 伙伴国对中国货物贸易立即零关税商品的平均比例达到 61.6%，中国对 RCEP 伙伴国的货物贸易立即零关税商品的平均比例为 62.3%。由此可见，RCEP 整体贸易便利化水平超过了 WTO 的《贸易便利化协定》，RCEP 生效运转将使成员国间的贸易壁垒大大减少，商品流通更加自由、便利且成本降低。同时，RCEP 对海关通关手续进行了简化，还鼓励各成员国间加强合格评定程序以及标准、技术法规等方面的信息交流与合作。这一系列举措将大大缩短双边贸易的物流时间，降低双边贸易的成本。紧抓 RCEP 带来的贸易自由化、便利化机遇深化与 RCEP 成员国的经贸往来，需要内陆地区各经济主体认真理解、把握协定内容，对标 RCEP 要求，完善覆盖国际贸易管理全链条的中国国际贸易"单一窗口"功能，打造"一站式"贸易服务平台。

其次，RCEP 规定对于易腐、快运等货物要争取在货物抵达后的 6 小时内放行，这将有利于推动内陆地区的新型跨境物流发展。

最后，RCEP 还在原产地规则上达成共识，整合了各成员国之前的原产地标准，采用原产地区域累积规则，即成员国相互间贸易品的增值部分可以由协定区域内多个成员国所产中间产品价值累积而成，由此将大大降低成员国出口产品享受关税优惠的门槛，有利于促进区域贸易合作，稳定和强化区域产业链、供应链，大大降低跨国合作的成本。RCEP 带来的更为便利的商品流通环境和举措，将为内陆地区推进对外贸易高质量发展、优化国际市场布局、优化国内区域布局、优化经营主体、优化商品结构提供良好契机。内陆地区应紧抓 RCEP 签署生效带来的有利时机，依托各类中外合作平台载体，扩大对 RCEP 成员国的商品进口，有效满足城乡居民多层次、多样化的消费需求，全面促进消费；同时，RCEP 的签署将助推内陆地区贸易新业态、新模式的发展，加快内陆地区数字贸易先行示范区建设。

（三）扩大服务业开放，推动内陆地区利用外资高质量发展

RCEP 框架下更加开放的服务业投资领域和各项投资促进与保护措施、投资便利化措施、放宽或取消服务贸易限制措施等，为中国特别是内陆地区扩大与 RCEP 其他成员国的服务贸易合作、扩大服务业开放、提升服务业开放水平提供了良好机遇。

RCEP 中关于中方服务贸易的开放承诺已经达到了我国现有自贸协定的最高水平。我国在加入 WTO 时将约 100 个部门纳入开放承诺，此次签署 RCEP，我国开放承诺的部门又新增了包括空运、制造业相关服务、管理咨询、研发等在内的 22 个部门；与此同时，其他成员国也对我国较为关注的运输、金融、房地产、医疗和建筑等服务部门做出了高水平的开放承诺。这些服务部门的开放为内陆地区企业带来了广阔的对外贸易、投资发展空间，有利于推动内陆省份积极培育贸易新业态、新模式，形成发展新动能。

值得关注的是，我国在 RCEP 中的投资领域开放承诺是我国首次以负面清单形式在自贸协定中对投资领域开放做出承诺。同时，RCEP 还对服务贸易中的自然人流动规则进行了调整，分层次逐步放宽或取消了包含自

然人移动、跨境交付等模式在内的服务贸易限制措施（韩剑，2021）①。此外，RCEP 还包括了一些在其他高水平协定中从未出现过的投资便利化、投资促进和保护等措施。

内陆省份要紧抓 RCEP 带来的服务业开放机遇，在服务领域积极引进利用来自 RCEP 区域的外资，引导、鼓励和支持 RCEP 成员国的外资投向高端服务业和战略性新兴产业，尤其注重引导 RCEP 成员国资金投向法律、金融、医疗、教育、电信等领域，促进内陆地区引进利用外资高质量发展，通过高端服务业和战略性新兴产业的发展推进现代服务业发展、经济高质量发展。

为增强内陆地区服务领域投资吸引力，内陆地区应根据《中华人民共和国外商投资法》的新要求，紧密结合 RCEP 的内容，努力营造透明、稳定、可预期的投资环境。与此同时，内陆地区应充分利用 RCEP 提供的服务业贸易、投资便利和支持保障措施，鼓励和支持有条件、有实力的企业到 RCEP 成员国区域开展服务业投资、贸易合作，同时积极争取国家有关部委出台政策支持内陆地区企业"走出去"从事服务业的投资经营，以扩大服务领域对外贸易和投资，促进服务业高水平开放。

（四）有效应对 CPTPP 的负面影响，加快自贸区新一轮发展

RCEP 能有效应对 CPTPP（《全面与进步跨太平洋伙伴关系协定》）带来的负面影响。在 CPTPP 原产地规则的约束下，中国部分产品的出口受到严重冲击。而在 RCEP 框架下，大幅度的关税减免和非关税壁垒的削弱会降低企业生产经营成本，提高企业收益，提升其产品的国际竞争力；RCEP 的原产地区域累积规则将给出口企业带来享受优惠关税门槛降低的好处，由此将有利于增强出口产品竞争力，推进内陆地区出口贸易发展，使内陆地区出口市场份额得到有效提高。

在 RCEP 框架下形成了目前全球最大的自由贸易区，对标 RCEP 在贸易、投资方面的先进规则、制度，充分利用 RCEP 带来的对外贸易和国际投资便利，可以加快我国特别是内陆地区自贸区的建设和发展。近年来，国内加快推进自贸区建设，经历 7 轮建设后目前全国已设立 22 个自贸试验

---

① 韩剑. 把握 RCEP 机遇 高质量服务新发展格局 [J]. 群众，2021（1）：38-39.

区，其中有 7 个在内陆地区①。自贸试验区形成的可复制、可推广的经验有效促进了政府治理理念的转变，有效推动了中国营商环境的改善，激发了市场主体的活力。但目前我国自贸试验区能级还不够高，尤其是内陆地区的自贸试验区，其在开放发展方面的先行先试及示范作用还有待进一步发挥，如与国际领先水平相比，我国内陆地区自贸区开放承诺中所涉及的外商投资准入制度还有很大的进步空间。

中国加入全球最大的自贸区 RCEP，将进一步推动内陆地区自贸试验区以对标 RCEP 先进规则为突破口，用好国家赋予的改革自主权，持续深化差别化探索，在油气等大宗商品、新型国际贸易、航运物流、数字经济、先进制造业等领域形成更加成熟定型的制度成果，提高自贸区能级，强化其开放发展示范作用，推动自贸区加快发展、高质量发展。

（五）学习 RCEP 数字贸易规则，激发跨境贸易数字化动能

电子商务规则成果是 RCEP 取得的重要突破之一，它为内陆地区自贸区激发跨境贸易数字化动能提供了制度保障和良好环境。

一是有助于推进跨境贸易自由化、便利化。RCEP 电子商务章节以促进电子商务的使用与合作为目标，要求推进无纸化贸易，认可电子文档的法律效力，鼓励电子认证互认等，由此将降低外贸企业交易成本，加速推动内陆地区自贸区跨境贸易规模化发展。

二是有助于加快服务贸易数字化。RCEP 服务贸易章节对金融、电信等领域做出了高水平的开放承诺，这将实质性提高区域内服务贸易开放水平，为内陆地区自贸区探索服务贸易数字化发展新业态、新模式提供先进经验借鉴。

三是有助于促进跨境贸易标准化。RCEP 确定了一系列的统一规则，包括原产地累积规则、技术标准、海关程序、检验检疫标准等，这些规则强调数字贸易领域的政策互信和规制互认，这就对内陆地区自贸区接轨国际高标准贸易投资规则提出了更高的要求，将推动内陆地区自贸区在跨境贸易发展模式、监管措施等方面加快改革创新的步伐。

---

① 我国内陆地区的自由贸易试验区分别是 2017 年 3 月批复成立的中国（河南）自由贸易试验区、中国（湖北）自由贸易试验区、中国（重庆）自由贸易试验区、中国（四川）自由贸易试验区、中国（陕西）自由贸易试验区；2020 年 9 月批复成立的中国（湖南）自由贸易试验区、中国（安徽）自由贸易试验区。

四是有助于拓展数字知识产权保护空间。RCEP 提升了亚太地区的数字知识产权保护水平，为内陆地区谋求知识产权保护国际化、用知识产权为数字贸易保驾护航指明了发展方向和路径。一方面，知识产权保护是 RCEP 中内容最多、篇幅最长的章节，互联网时代的数字知识产权保护是其中新增的重要内容。内陆地区要以此为契机，用数字知识产权的创造、使用、保护和实施来减少数字贸易的摩擦和障碍。另一方面，RCEP 提高了数字知识产权保护的执法标准，数字环境下的执法强调民事和刑事救济"在相同的范围内适用于数字环境中侵犯著作权或相关权利以及商标的行为"。这将倒逼内陆地区从填补数字知识产权监管空白入手，全面提升对侵权行为的执法能力和执法力度。

第五章 内陆地区开放发展的国内外经验借鉴

国内和国外均有大量发展开放型经济的经验。国内在对外开放方面的主要方式是建设自由贸易试验区，在制度、营商环境和开放通道上也有大量的经验可供内陆地区参考和借鉴。国外在内陆地区对外开放方面也做过很多尝试，美国的内陆州和欧洲等地的内陆国家经过多年实践，在开放发展方面有不少成功的经验，这些经验也值得我国内陆地区学习借鉴。

一、国内经验借鉴

在我国，率先开放的沿海沿边地区在发展开放型经济方面取得了巨大成就，积累了丰富的经验。沿海沿边地区在自由贸易试验区建设、开放制度、优化营商环境、打造开放通道等方面的成功经验，成为内陆地区开放发展的重要经验借鉴。

（一）自由贸易试验区建设经验借鉴

自由贸易试验区是我国开放型经济的重要组成部分，是对外开放的新高地。分析和借鉴国内各自贸区建设经验，有助于更好地推动我国内陆地区自贸区建设和发展。

1. 上海自贸区建设经验

上海自由贸易试验区是设立在上海的区域性自由贸易园区，属于中国自由贸易区范畴。从 2013 年成立开始，上海的对外贸易因上海自贸区的建立和发展获得了显著增长，但与此同时，利用外资的总额在逐年减少，上海的对外贸易逐渐由利用外资转向本土企业做大做强。上海自贸区建设的成功经验主要体现在四个方面。

（1）三层管理体系协调推进

从管理层面看，上海自贸区有中央、市和自贸区三层管理体系，且三层管理体系之间设有专门的沟通机制，以确保自贸区内部信息畅通。三层管理体系及其运转机制确保了自贸区内重大事项或决策在需要跨部门进行沟通和协作的情况下，由中央牵头，相关部委和上海市分管领导定期召开联席会议，对该事项进行讨论和协调并确定问题的解决方案，从而保障在政策层面的畅通。

在政策的落实方面，三层管理体系建立了市级层面的领导机制，由上海市主要领导牵头，中央驻自贸区工作领导小组统筹决策和综合协调，市政府派出机构推进落实各项改革试点任务的具体工作。在三层管理体系中，有效的沟通协调机制是上海自贸区改革创新快速推进的关键。

（2）不断调整和完善顶层设计

2013 年，《中国（上海）自由贸易试验区总体方案》获得批复后，上海制定了《中国（上海）自由贸易试验区控制性详细规划》。2014 年，《中国（上海）自由贸易试验区条例》通过，这为自贸区制度创新提供了法律保障。2015 年，上海自贸区试点范围再次扩大，扩容后的上海自贸区包括上海浦东综合保税区、张江高科技园区和陆家嘴金融贸易区等七个区域。经过几年的不断调整，上海自贸区的总体定位和产业规划大致形成，为自贸区的建设和发展明确了发展方向和发展路径。

（3）推进产业集聚，编制产业整体规划

根据《中国（上海）自由贸易试验区总体方案》，上海自贸区重点发展国际贸易、金融服务、航运服务、专业服务和高端制造等产业。通过将各个大型公司总部、全球事业部等重要部门引入自贸区，形成产业集聚效应；通过建立大宗商品交易平台、电子商务平台，强化五大产业在空间上的集聚。

同时，上海自贸区在产业规划上特别注重与周边地区进行联动、共同发展，如浦东片区在规划时与周边的祝桥镇规划进行衔接，祝桥镇提供餐饮、住宅、商务等配套基础设施，在提高土地使用效率的同时也提高了人民生活的便利性。

此外，上海自贸区在规划土地时综合考虑仓储用地和高端制造业发展，探索"前店后库"的交易模式，引导企业在自贸区内注册、产业在区外集聚，极大地提高了土地使用效率。

（4）有针对性地配置公共资源

根据不同区域的功能和监管要求配置相应的公共服务设施，是上海自贸区在提供公共服务方面的成功经验。在这方面，上海自贸区主要依据各区域的主导功能和主要服务人群来配置公共设施，如外高桥片区针对区内人员服务需求配置公共设施；在综合区则为满足区内各类人员需要配置综合性公共服务设施；在特殊区域如保税区、物流区等则按照监管要求配置公共设施。

2. 广东自贸区南沙片区建设经验

2019 年，《粤港澳大湾区发展规划纲要》出台。为切实履行国家赋予的重大使命，促进粤港澳三地政府、业界、智库的常态化、全方位深入交流，使广东自贸区建设与粤港澳大湾区建设有机衔接，自贸区南沙片区于2019 年率先打造常态化粤港澳规则对接平台。在粤港澳规则对接平台下，形成了自贸区南沙片区与港澳地区在各个领域的常态化交流和调研走访机制，三方针对各自诉求及其解决途径进行磋商、协调，从而使三方规则实现有效衔接。常态化的规则对接平台构建起了自贸区南沙片区与港澳地区相互衔接的社会管理和公共服务环境，对粤港澳三地协同发展、开放发展起到了重要的促进作用。

（1）建立并创新常态化合作交流机制

2019 年以来，自贸区南沙片区创新工作局按照管委会工作部署，依托粤港澳规则对接平台常态化工作机制，突出三地"创新合作交流"主题，通过举办粤港澳大湾区创新合作交流会"3+1"系列活动，擦亮"粤港澳大湾区创新合作交流会"常态化交流品牌。自贸区围绕粤港澳医疗健康合作、知识产权与法律服务、民生服务、青年创新创业、专业人才资格认可、打造一流"营智环境"、团体标准对接、跨境物流便利化、跨境投融资等主题至 2020 年止成功举办六期交流活动，其中，2020 年 12 月 2 日举办的"2020 年度粤港澳大湾区创新合作交流会"设置"粤港澳团体标准对接""粤港澳跨境物流便利化""粤港澳跨境投融资"三个分会场。会上正式启动全国首个粤港澳标准化服务平台——粤港澳科技创新团体标准服务平台，发布了首批全球商品溯源标准、"湾区启梦港"三年行动计划、《关于类似案例辩论程序的诉讼指引》三项粤港澳交流合作创新举措，四项粤港澳交流合作项目完成签约。

（2）深化多领域战略合作

为推动自贸区扩大开放、加快开放发展步伐，自贸区南沙片区分别与暨南大学、广东省粤港澳合作促进会签署合作协议，在港澳资源对接、宣传推介、招商引资、专业服务、科技成果转化、医疗健康发展、青年创新创业、人才发展、共建"一带一路"等方面开展广泛合作，积极争取中国企业"走出去"综合服务基地落户南沙，推动粤港澳大湾区专业服务、科技创新等多领域规则对接。同时，推动粤港澳三方律师事务所代表签署《金桥百信司徒维新邝玉球（南沙）联营律师事务所合作协议》，成立了全国第三家粤港澳合伙联营律师事务所，充分发挥粤港澳联营的独特优势，积极探索与三地法律服务市场需求接轨的法律服务机制和服务方案。

（3）搭建创新创业平台

为促进自贸区创新创业，推动自贸区高水平、高质量发展，自贸区南沙片区携手暨南大学共同筹建港澳青年学者就业创业基地，为港澳青年在南沙创业就业提供重要平台。同时，联合暨南大学创业学院、暨南大学自贸区研究院举办粤港澳规则对接直播交流活动，分享内地与港澳青年在南沙创新创业的经验，向粤港澳大湾区青年讲解南沙出台的"1+1+10+N"的集聚人才细则等政策，介绍粤港澳青创服务矩阵、湾区启梦港等创业服务平台，充分展示南沙区良好的创新创业软硬环境，推动南沙区成为粤港澳青年创新创业的首选地。

（4）提升人才服务水平

为引进人才、留住人才服务自贸区建设和发展，自贸区南沙片区出台了港澳专业人才资格认可十条措施，从而优化了港澳专业人才职称评定和执业资格认可环境。随后，自贸区南沙片区又推进港澳执业医师资格认可工作，允许符合条件的具有香港或澳门特别行政区专科医师资格证书的香港、澳门特别行政区中国籍居民向南沙区直接申请办理内地医师资格认定，取得内地医师资格证书并在区内从业执业。

为推动大湾区人才互联、资格互通，发布"港澳青创30条"，对在南沙区创新创业的港澳青年在学业、医疗保险、落户、贷款等方面提供贴息、补贴。同时，对引进港澳青年的引荐人进行奖励，资金上不封顶。为优化自贸区南沙片区的营商环境，推出"商事注册'绿色通道'服务""青创税务'六个一'服务""'十项全能'服务"等创新举措，为港澳青年创新创业创造便利条件和良好环境。此外，自贸区南沙片区在全国率先推出港澳同胞远程授权办事便利化举措，率先实现政务全球通办，为港澳投资者、海外华侨提供商事登记、建设工程、经营管理等856项政务服务事项的全球通办体验。

（5）推动构建粤港澳司法规则衔接体系

为强化法律服务，推进高水平开放，自贸区南沙片区率先对接香港诉讼规则，探索试行内地审前程序证据开示制度。在坚持我国民事诉讼基本制度的基础上，制定大湾区首个《审前程序证据开示指引》，促进庭审效率提高。同时，持续深化粤港澳仲裁规则对接，更新仲裁通则，分别创新设置广州、香港、澳门国际仲裁三种庭审模式。按照新的仲裁规则，当事人可根据自身情况选择国内或国际适用的仲裁规则和仲裁机构名册内的仲裁员。

（6）深化粤港澳创新合作课题研究

为推动持续创新，自贸区南沙片区与暨南大学合作，组织研究人员对南沙在各领域与港澳扩大创新合作展开研究，仅2020年就组织了3项粤港澳合作相关课题研究，包括"粤港澳大湾区商事登记制度互认""南沙与粤港澳大湾区城市区域合作的思路研究""南沙新区为港澳青年'湾区追梦·南沙启航'提供全方位一站式服务的研究"。

（7）构建"内外宣+微信公众平台"立体宣传模式，提升平台影响力和活动辐射效果

为展示湾区形象，推进粤港澳经贸合作，促进自贸区发展，自贸区南沙片区构建起了"内外宣+微信公众平台"的立体宣传平台。2020年以来，平台依托微信公众平台常态化宣传、专题活动集中展示、内外宣共同发力等宣传方式建立起立体宣传模式，取得了良好效果，形成了广泛的社会影响力。此外，创新合作交流会及规则对接平台的相关报道还分别在新华社内参《自贸区发展观察》、广东省自贸办内参《广东自贸试验区简报》以及《广州政策》《南沙信息》等刊物上刊发。相关微信公众平台还建立了专家约稿机制，由专家针对自贸区南沙片区的情况提供政策解读和决策参考，如针对各交流会的粤港澳合作议题发布一系列专家约稿，如《粤港澳大湾区中小学教师人才流动与资格认证》《如何推进医疗领域专业人才资格认可》《解读〈粤港澳大湾区药品医疗器械监管创新发展工作方案〉及其带给南沙的影响》等。经过不断探索，微信平台的专业度、权威性不断增强，2020年共发布信息百余条。

（二）开放制度经验借鉴

2018 年底，中央经济工作会议对我国开放发展提出新要求，提出"要适应新形势、把握新特点，推动由商品和要素流动型开放向规则等制度型开放转变"。自此，创新和完善对外开放制度成为我国扩大开放、推进新一轮高水平开放的重要目标和任务。

1. 开放制度经验

在我国，开放发展首先在沿海地区推开，沿海地区走在开放发展前列，积累了较为丰富的开放制度经验。

（1）上海开放制度经验

改革开放 40 多年来，上海在制度开放上积累了丰富的经验，为内陆地区推进制度创新、实现制度型开放打下了良好制度基础。上海推进开放制度创新的经验主要体现在五个方面。

一是加强制度创新的系统集成。开放制度的创新是一项系统工程，需要以开放发展为目的，以改革的思维、系统化和集成化的思路谋划制度的改革创新，使各项制度与开放发展、高水平开放的要求相适应。实现制度创新的系统集成，需要在制度创新中树立系统思维、立体思维、跨界思维和创新思维；同时，要求制度创新对经济体制改革起到引领和促进作用；此外，需要为各经济主体创造更加宽松的营商环境，提供更加便捷的经贸服务，使各类生产要素自由、顺畅流动，要素组合更加灵活，要素主体更有投资经营积极性。

二是对接国际通行规则谋求外商投资管理制度创新。上海在推动制度型开放的过程中，始终坚持以制度创新为核心，从最初试点开始，在对接国际通行规则和其他市场准入制度的基础上，确立以外商投资负面清单制度为重点的投资管理制度，包括全方位实施外商投资、境外投资备案管理制度等；同时，创新、优化外商投资管理制度，逐步扩大服务业和制造业等领域的开放。

三是创新贸易监管制度。为促进对外经济贸易便利化，上海对接国际高标准经济贸易规则推进对外贸易管理制度创新。通过探索创新，形成了具有国际竞争力的口岸监管服务模式，逐步完善"一线放开、二线安全高效管住"的贸易便利化措施，同时探索建立了货物状态分类监管模式，实施国际贸易"单一窗口"管理制度。

四是创新确立更加适应开放需要、有效防范开放风险的金融服务制度和金融创新制度。在这方面，上海着力打造国际金融中心并构建与之相适应的联动机制，形成了包括金融创新框架体系在内的较为完善的金融服务体系；同时，通过加强自由贸易账户功能建设，形成本外币一体化运作机制。此外，进一步深化人民币跨境使用及相关外汇管理制度改革，推进人民币国际化进程。

五是创新外商投资经营管理制度。为营造良好营商环境，增强对外来投资者的吸引力，上海以规范市场主体行为为重点构建起透明高效的外资准入后全过程监管体系，建立了事中事后监管制度。此外，积极开展"证照分离""一业一证"改革试点；全面推行和落实"一网通办"政务服务制度，以简化办事程序，提高政务服务效率。

（2）深圳开放制度经验

身处粤港澳大湾区的深圳为有效对接粤港澳大湾区建设，推进深圳开放发展进程并提高开放水平，大力推进制度创新。深圳的开放经济发展成效显著，其在通过制度创新促进开放发展方面作了一系列努力，为内陆地区构建开放型经济制度提供了有益的经验借鉴。

一是探索顺畅、高效的资源、要素流动机制，如通过资质互认推进粤港澳三地软实力、软要素有效对接，促进人才流动、转移。

二是在"三地两制"框架下探索创新民生领域的合作机制，如构建社会福利跨境携带制度，为港澳居民在内地生活和工作提供与内地居民同等的待遇，以促进港澳居民来深圳投资经营、工作生活。

三是改革完善社会治理制度。通过建立跨区域的社会治理协同机制推进粤港澳社会治理协同、共建共治共享方面的合作。

四是探索建立开放型贸易、投资管理制度。在这方面，深圳对接港澳，创新贸易、投资管理制度，着力减少贸易、投资领域包括准入、经营管理等方面的限制性制度。

五是深化"放管服"改革，打造高标准营商环境。围绕政务服务，深圳不断优化办事流程、简化办事程序、完善便民服务制度，努力为各类市场主体提供高效便捷的政务服务，为企业提供良好的营商创业环境，为人才提供舒适适宜的生活环境，同时加强立法、司法、守法等制度环境营造和建设。

六是探索建立知识产权以及其他权益的合作保护制度，以激发创新活力、增强创新动力，推动创新发展、开放发展。

（3）广州开放制度经验

广州南沙区作为国家新区、自贸试验区、粤港澳全面合作示范区，走在自贸区制度创新的前列，探索出了具有南沙特色的经济高质量发展道路。在开放制度方面，南沙区累计形成719项制度创新成果，在国家、省、市分别复制推广43项、119项和218项，在商事制度、财政管理制度、土地利用制度等方面均有一系列创新。与此同时，广州围绕开放发展也不断进行制度创新，其制度创新实践成为内陆地区开放制度创新的有益经验。

一是深化商事制度改革。近年来，广州持续深入推进商事登记确认制，同时着力优化政务服务制度和机制，使群众办事实现了"三个零"，即企业注册"零审批"；98%以上的政务服务事项"不用跑"，基本实现办事无须跑动；打造"无证明自贸区"，推动业务办理"零证明"。

二是围绕数字贸易服务平台建设创新相关管理服务制度。在这方面，南沙区在全国率先创新，发布了首批全球溯源体系标准；为推进数字贸易服务平台建设，促进数字贸易发展，在集成跨境供应链产业服务、数字贸易服务、报关服务等方面推出鼓励、支持政策，推动贸易服务升级为服务贸易，以促进高水平开放。

三是创新金融服务制度。为完善金融服务体系，广州在打造跨境金融、航运金融、绿色金融、融资租赁、商业保理、股权投资、金融科技七大金融名片方面推出系列创新举措，同时积极推动全国首家混合所有制交易所在南沙落地；不断深化投融资汇兑制度改革，促进投融资汇兑便利化；持续拓展FT账户体系的应用范围和应用领域，目前其FT账户数量和应用效果处于广东全省领先地位。

四是围绕开放发展创新国际化法律服务制度和体系，推动国际化法律服务不断升级。在这方面，广州推出了一系列制度创新举措，如构建粤港澳"N+4+2"司法规则衔接机制，打造粤港澳青年创业创新法律服务新机制，构建知识产权海外维权体系，建设中小微企业知识产权托管平台；初步构建多元的商事纠纷解决制度和机制，南沙国际仲裁中心建立了"互联网+仲裁"的法律服务模式，粤港澳大湾区仲裁联盟常态化实体化运行。

五是围绕人才引进构建创新创业促进制度。为吸引人才来广州创新创业，广州将342个事项纳入"湾区通办"范畴以提高办事效率；同时，完善全国首个常态化粤港澳规则对接平台，出台港澳专业人才资格认可十项措施和支持港澳青年创新创业实施办法，鼓励港澳青年来粤就业创业。

2. 开放制度经验对内陆地区构建开放制度的启示

通过制度创新构建开放制度，是促进内陆地区进一步扩大开放、高水平开放的重要保障。在开放制度的构建和完善方面，上述构建开放制度的经验从多方面对内陆地区构建和完善开放型经济制度提供了启示。

（1）对标国际国内高标准规则构建和完善开放制度

内陆地区发展开放型经济，需要与国际国内相关经济主体进行经济贸易活动，为此，有关经济贸易的制度、规则必须有利于各种资源、要素在国家间、地区间自由流动和转移。国际上高标准的经贸制度、规则具有促进资源、要素自由流动的特点，而且我国发达地区构建和完善开放型经济制度无一不是对标国际高标准规则建立起来的。因此，内陆地区完善开放制度，需要借鉴发达地区经验，对标国际高标准特别是 RCEP 经贸规则改革完善开放制度，建立具有广泛接受度、国际适用性的规则与制度体系。

（2）从自身实际出发改革完善开放制度

在世界百年未有之大变局加速演进、单边主义和贸易保护主义升级的背景下，我国内陆地区要通过开放发展促进经济转型升级、高质量发展，必然面临新形势下的各种挑战。同时，相对于沿海沿边地区而言，内陆地区经济发展相对滞后，产业基础、区位条件、交通运输条件不如沿海沿边地区，持续扩大开放、高水平开放面临多方面因素的制约，但同时又具有自身比较优势。因此，内陆地区改革完善开放经济制度必须根据自身实际情况，在综合考量开放发展面临的问题、主要制约因素以及开放发展比较优势的基础上，对标先进的经贸规则和制度，有针对性地改革不利于扩大开放、高水平开放的制度及运行机制，通过自主、自觉的制度创新，提升制度型开放的有效性和针对性，形成高标准、高水平的开放制度规则。比如，基于内陆地区各保税区等海关特殊监管区域发展实际建立的自由贸易试验区，要在更大范围、更宽领域、更深层次上对外开放，包括对标国际规则，加大制度创新力度，努力探索促进内陆地区全面深化改革、扩大开放的制度，从规则、规制、管理、标准等方面推进制度创新。

（3）以高水平开放为目标构建有利于创新并适应世界经济贸易新变化的开放制度

高水平对外开放是推动经济高质量发展的重要内容，实现高水平对外开放离不开创新，创新是引领高质量发展的第一动力。因此，内陆地区改革完善开放制度要围绕激发创新动力、改革不利于对外经济贸易开放合作的制度，构建符合高水平开放需要、与国际通行规则相衔接的制度体系，通过制度创新，形成有利于产品和产业技术创新、组织形式创新、营销模式创新的制度体系，构建有利于商品和要素跨境流动模式创新，有利于互联网、物联网、大数据、区块链等新技术与传统领域结合所产生的新领域、新模式、新业态形成和发展的制度体系。

同时，高水平开放要求对外经济贸易合作顺应国际经济贸易领域发展变化的新趋势、新情况，为此，要改革阻碍国际经济贸易发展的制度，建立并完善适应世界经济发展趋势、有利于推进开放发展的规则、规制、管理模式、各种标准等。当今世界经济的一大发展趋势是数字经济迅速发展，因此，目前内陆地区应围绕推动数字经济开放发展主动学习全球数字经济和数字贸易规则，借鉴发达国家和地区的经验，对标国际国内先进的数字经济发展和数字贸易规则，构建有利于推动数字经济开放发展的规则、管理制度、标准等，如构建和完善强化知识产权保护的法律制度、区域合作制度等。同时，还要推动建立具有广泛接受度、国际适用性的规则与制度体系。

（三）优化营商环境经验借鉴

良好的营商环境是企业生存发展的基石。在社会主义市场经济中，企业作为市场主体，是经济发展的重要力量，企业的生存发展状况与营商环境息息相关。目前，我国内陆地区开放发展水平普遍低于沿海发达地区，其中一个重要原因就在于其营商环境不如沿海地区。内陆地区推进开放发展、实现高水平开放，迫切需要营造良好的营商环境。在这方面，沿海发达地区有不少先进经验，其中广东自贸区南沙片区的经验尤其值得借鉴。

广东自贸区南沙片区自挂牌以来，政策、制度创新对科技创新、航运物流等产业高质量发展的驱动作用明显增强，其综合经济实力显著提升，2020年其经济总量比2015年增长超七成。广东自贸区南沙片区能够实现高水平开放、高质量发展，其中一个重要原因在于其优良的营商环境。2020年中山大学自贸区综合研究院发布的《2019—2020年度中国自由贸易试验区制度创新指数成果报告》显示，广东自贸区南沙片区投资便利化指数在全国43个自贸片区中位居第一、综合创新指数排名第三。

为优化营商环境、推进高水平开放和高质量发展，南沙片区着力深化营商环境改革，对有关营商环境的诸多事项和制度进行大刀阔斧的改革、优化，在优化营商环境方面取得了一系列突破性成果。为优化营商环境，南沙片区围绕企业开办、获得电力、财产登记、跨境贸易、执行合同等事项推出一系列精简办事程序、优化办事流程、提高办事效率的举措，如在全国首创"区块链+企业资信"服务，政府服务"快速办"；对企业开办和服务推行"拿地即开工，插电式服务"的高效方法，为企业省时间、减成本；登记财产实现"四个一"，即"一个环节""一套材料""一窗办结"和"一小时领证"；出口退税三天办结，促进外贸企业加速资金流转。为持续优化营商环境，南沙片区注重与高校、科研院所合作，开展营商环境优化的研究、实践和相关培训，如加强前沿性研究与基层实践相结合，推动自贸区与广州社科院共建"营商环境创新实践基地"，创建"广州南沙营商环境国际交流促进中心"，该中心已获批并开展培训业务。为进一步优化营商环境，南沙片区加大改革力度，对标最优的国际化标准，推出《广州南沙打造面向世界的国际化营商环境先行区 促进高质量发展行动方案》，提出22项重点改革任务，致力于打造更加优质"宜商"的投资环境、贸易环境、营智环境、法治环境、政务服务环境五大环境，聚焦一批改革重点工程，力争形成可全国复制推广的示范带动效应，为世界的市场主体提供一流的营商沃土和高端要素不断汇聚的服务保障。

（四）打造开放通道经验借鉴

发展开放型经济，通畅的开放通道是基础。只有对内对外物流运输通道四通八达、畅通无阻且高效便捷，产品以及各种生产要素才能在区际、国际顺畅流动、转移，彼此间才可能扩大经贸合作规模、提升经贸合作能级，实现互利共赢以及扩大开放、高水平开放，最终推动经济高质量发展。内陆地区要深化改革开放、推进高水平开放，构建畅通高效的开放通道是基础性环节。在打造开放通道方面，内陆地区走在开放发展前列的重庆、成都、郑州的经验具有借鉴意义。

1. 重庆经验：实施"大通关"战略，推动海关、物流创新

重庆是最早提出打造内陆开放高地的城市。在建设开放高地的过程中，重庆注重开放通道的建设，其中，以重庆为起点的"渝新欧"班列是重庆对接"一带一路"开放通道的标志性成果。

跨国运输中，通关效率及便捷性对国际贸易影响相对较大，尤其是对

货物贸易而言影响更为突出。海关一体化运作是提高通关效率的重要环节，在我国积极推行"一次报关、一次查验、一次放行"的内陆直通式通关模式的背景下，为简化程序、节省时间、降低成本、提高效率，重庆在通往欧洲的"渝新欧"班列运作中积极推动与我国沿海沿边地区以及欧洲相关国家建立海关协作和信息共享机制，实现相互间信息共享、关检互认、执法互助，以节省通关时间，提高通关效率。

同时，为进一步节省物流成本，重庆与多地合作建设多式联运监管中心，在便利通关的基础上，构建海陆空多式联运物流交易信息平台，实现与多个口岸互联互通。为了顺畅通关，重庆还创新外贸物流模式，通过提高物流的智能化程度推进贸易流通体制跨地区的改革和创新，建立以重庆为中心枢纽的内陆现代物流新模式，推行"五定班列一票通"，即同一批货物在陆上丝绸之路沿线所经过的国家无须再次检验。

此外，"渝新欧"铁路实现了铁路转运和铁海转运多种运输方式结合，货物无须几经周转直接到达欧洲，从而节省了运输时间，提高了运输效率。

2. 成都经验：打造跨境贸易综合体系

成都是中国跨境电商试点城市之一，作为国家级跨境电子商务综合试验区，成都以跨境 B2B 为主要出口模式。为了深处内陆的西部地区可以实现与东部沿海地区同样畅通便捷的跨境电子商务通关服务，成都着力打造跨境贸易综合体系。具体做法是依托成都国际铁路口岸并围绕铁路口岸布局"互联网+"口岸经济，建设成都跨境电商产业园，通过跨境电子商务平台为国内企业提供综合性外贸服务，帮助企业推广产品，为正在创业的跨境电子商务企业提供辅助服务等。

随着成都对外贸易规模的扩大，以及外贸综合服务与国际物流口岸模式融合的日益深化，成都不断完善跨境贸易综合体系，提升口岸服务功能，积极推动建设西部电子商务之都并使之向区域性国际物流中心转变，以促进国际物流更加顺畅、便捷、高效。

3. 郑州经验：建设五大开放平台，打造开放型经济高地

2011 年，《国务院关于支持河南省加快建设中原经济区的指导意见》提出河南打造内陆开放高地的任务和要求。为畅通开放通道、推进内陆开放高地建设，郑州着力推进"两港"、"两区"、"E 贸易"、郑欧班列、商品口岸五大开放平台的建设。其中，"两港"是指郑州国际内陆港和郑州

航空港；"两区"是指郑州新郑综合保税区和郑州经开综合保税区；"E 贸易"是指跨境电子商务贸易服务平台。

在物流运输方面，郑州将郑州国际陆港建成铁路集中和疏散功能区，推动物流关键节点网络化，大力建设国际陆港集装箱集中和疏散中心，依托网络化、信息化和其他基础设施建设，郑州国际陆港的铁路货运能力大幅度提升的同时，铁路货运时间缩短、效率提高。

同时，为进一步畅通对外贸易通道和为外贸企业提供方便快捷的服务，郑州大力拓展货运航线，积极建设航空港相关配套设施，出台相关举措鼓励、引导基地航空公司、货代企业入驻航空港。

此外，郑州还通过搭建密集的交通网络打通对外开放通道。共建"一带一路"倡议启动后，郑州抓住机遇及时开通了郑州到德国汉堡的郑欧班列，使通往欧洲的开放通道进一步畅通便捷。郑州地处中原，既不沿边也不沿海，对外贸易运输成本相对较高，郑欧班列的开通使其对外贸易的物流运输成本降低，有利于增强内陆地区产品、企业的国际竞争力。郑州地处我国东西南北交会点，重要的地理位置成就了郑州在内陆地区乃至全国铁路枢纽的重要地位，畅通、便捷、高效的郑欧班列使郑州国际陆港的物流运输功能大大提升。目前郑欧班列辐射面积广、货源充足，其货物来自全国各地且以东部沿海地区居多，合作的企业有上百家，成为内陆地区乃至全国的重要外贸通道。

在着力打造畅通便捷的物流运输通道的同时，为进一步降低外贸成本、提高外贸效率，郑州在外贸领域推行大通关机制。郑州通过"两港""两区"的联动信息系统建设，建成了区港联动信息系统，实现了区域通关、通检联动，加强了与周边省市的联系。为推进跨境电子商务贸易，郑州参照国家相关发展政策、结合河南中部内陆地区物流特点，成功打造了"E 贸易"——跨境电子商务贸易服务平台，为跨境电子商务贸易提供服务。内陆口岸作为对外开放的门户、枢纽，是对沿海口岸功能的延伸，是推动内陆地区对外开放的重要平台。为促进开放发展，郑州着力加强商品口岸建设，通过基础设施建设和制度、机制创新，使郑州的商品口岸功能不断完善，不仅成为河南对外贸易联通全球的重要通道和平台，也成为全国重要的商品口岸。

二、国外经验借鉴

在国际上，通过开放发展成功促成经济增长、经济发展的例子不胜枚举，开放发展经验尤为丰富。其中，开放发展历史较为长久的发达国家在开放发展方面为我国内陆地区提供了不少可资借鉴的经验。

（一）发达国家（地区）内陆无水港建设经验及启示

从物流角度看，内陆无水港具有运输速度快、运输效率稳定、成本低的优点。内陆无水港是同时具有港口基础物流服务功能和供应链服务能力的内陆物流中心，具有港口功能内陆前移和节点综合物流服务两大属性。依托在物流通道、区域口岸经济、港口区域一体化、综合交通、多式联运系统和管理体制上具备经济性条件的内陆物流节点，内陆无水港通过多种运输方式连接沿海港口，具备货源组织、空箱调拨、集装箱堆存、货物报关报检、单证处理、订舱集拼六大港口基础物流服务功能；同时它还具有供应链服务能力，通过与沿海联动可以形成通道经济，促进产业集聚和发展。

内陆地区地处内陆，既不靠海也不沿边，与沿海沿边地区相比，地理位置远离国际市场，对外贸易、投资面临物流运输成本、时间、信息等方面的天然弱势。在这种情况下，内陆地区要扩大开放、实现高水平对外开放，必须有通畅便捷的物流、信息流通道和平台。内陆无水港通过公路、铁路、航空与沿海、沿江港口对接，可以有效畅通内陆地区与国际市场的物流运输，通过信息化、智能化建设，可以实现内陆地区与沿海沿边地区以及国际市场信息的高效传输、物流程序的优化简便，从而缩短物流运输时间、降低成本、提高效率，增强内陆地区产品、企业的国际竞争力，增强投资吸引力，促进内陆地区开放发展规模扩大、水平提高，因此内陆地区推进开放发展需要借鉴发达国家（地区）经验建设内陆无水港。

1. 美欧日韩等发达国家（地区）的内陆无水港建设经验

美国、欧洲、日本、韩国等发达国家（地区）的内陆无水港发展相对较早，已经形成成熟的无水港建设发展模式。

从区域布局看，这些国家（地区）的无水港普遍具有地理区位和交通条件优势突出、经济和工贸产业基础雄厚、与沿海港口联系紧密等特点。内陆无水港位于经济腹地交通便利、工业基础雄厚的地区，可以使无水港货源充足。同时，这些国家（地区）的无水港集疏运体系较为发达、完善，可以保证物流运输高效便捷且成本较低。

从建设模式看，美国、欧洲、日本、韩国等发达国家（地区）的内陆无水港建设模式多种多样，主要有政府主导型、政府全额投资型、港口投资型和私人投资型等模式，其中，政府和企业合作投资建设是内陆无水港的主要建设模式，政府投入的资金占比一般较高。无论哪一种建设模式，这些国家（地区）的内陆无水港建设均具有政府参与程度较高的特点。出于发展区域经济、增加就业、提升区域竞争力、改善投资环境等方面的考虑，政府对无水港的建设提供大量资金和政策支持，有的国家政府还设立专门的信托基金或提供专项拨款支持无水港建设发展。

从运营模式看，美国、欧洲、日本、韩国等发达国家（地区）的内陆无水港是海铁联运的内陆端点。多数无水港通过铁路与沿海沿江水运港口相连，形成高效便捷的运输体系；同时，这些内陆无水港注重物流服务功能的整合，一般都集集装箱装卸、运输、口岸报关报检、保税仓储、物流增值加工、按需配送等物流服务功能于一身，能够提供几乎全部物流服务。

2. 对我国内陆无水港建设的启示

海外国家内陆无水港的建设实践证明，内陆无水港能够提高港口的集疏运能力和物流服务水平，可以显著推动所在区域经济对外开放和发展。内陆地区发展开放经济，需要建设和发展内陆无水港。

（1）强化对内陆无水港建设重要性的认识

当前，我国内陆地区对无水港的作用认识不足，为此要强化对内陆无水港促进区域对外经贸合作作用的认识。要充分认识到无水港可以为内陆地区的物流运输提供极大的便利，对所在区域的对外开放和产业集聚发展具有重要推动作用，是内陆地区加快融入国际物流体系和供应链体系的基础性设施。内陆地区推进开放发展，迫切需要建设内陆无水港以畅通物流，弥补内陆地区因地理位置造成的对外贸易成本、效益短板。

（2）政府发力推进内陆无水港建设发展

内陆无水港集多种功能于一身，具有辐射面广、涉及区域领域多、基础设施建设量大的特点，其建设和发展离不开政府的支持，政府要为内陆无水港建设提供政策、资金等方面的支持。可以由中央牵头成立内陆无水港建设工作小组，科学规划无水港的建设选址和布局，制定促进无水港建设发展的政策。为促进内陆无水港发展，政府应出台一定的优惠政策，通过政策优惠吸引企业入驻和货源聚集，引导外贸、物流和相关服务企业入驻无水港。此外，要协调各省相关资源，制定省级规划，在金融、税收、工商、环保、运输等方面对内陆无水港建设发展给予政策支持。

（3）避免内陆无水港重复建设

内陆无水港服务范围广，其服务部分具有公共服务属性。出于内陆无水港建设和发展的考虑，发达国家内陆无水港一般布局在地理区位和交通条件优势明显、产业基础雄厚、与沿海港口联系紧密的区域。为此，内陆地区建设无水港不应遍地开花、广泛建设，而应在具备条件的地区建设。这方面，应由国家层面谋划内陆无水港的选址和布局、规划其建设和发展，以避免重复建设，以及无序竞争导致的资源浪费，同时避免内陆无水港因建设过多相互竞争而影响其功能的充分发挥和发展的局面出现。

公铁转运是内陆无水港建设的必要条件，因此，无水港的选址要充分考虑交通因素，优先选择铁路和公路都较为发达的地区；同时，无水港布局要考虑产业发展状况，以保证无水港有广泛、充足的货源。

（4）多方协同促进内陆无水港建设和功能完备

在内陆无水港建设营运方面，要加强与沿海地区港口的合作，通过合作共建内陆无水港。同时，要积极协调海关、检验检疫和边防检查等部门进入无水港开设布点，以保证货物在无水港只需一次申报、一次检查即可通关，提高通关效率。此外，要畅通内陆无水港的集疏运体系。内陆无水港位于不沿边不靠海的内陆地区，因此其货物运转需要依靠复杂的交通网络体系，这就需要在无水港建设与发展过程中强化交通基础设施建设，形成完备的交通通道网络。在此基础上，积极探索无水港运营发展过程中的制度建设，建立并完善内陆无水港运营相关各方的沟通协调机制并加强网络化、信息化建设，形成有关各方信息畅通、协同配合的局面，促进内陆无水港功能和作用充分发挥。

（二）瑞士产业发展经验

产业发展是开放型经济发展的基础，开放发展需要产业发展。一个国家或一个地区产业基础雄厚、产业竞争力较强，才可能通过对外贸易推动自身经济发展，通过引进利用外资或对外投资获得更多收益、推进经济增长。在产业发展方面，内陆国家瑞士的经验值得借鉴。

1. 瑞士优势产业发展概况

瑞士是一个典型的内陆国家，其经济发展在近几十年有质的飞跃。在瑞士，制造业是拉动瑞士经济增长的主要动力，其中机电金属业、化工医药业、钟表制造业是瑞士三大出口产业，三大产业每年投入的研发费用非常高，其产品出口在瑞士出口中占比较大。其中，机电金属业的外贸产品主要为医疗设备、机床、机械等高附加值产品。瑞士的化工医药业对海外市场依赖程度较高，产品主要靠出口，该行业多数本土企业规模较小，政府鼓励这些企业到海外进行并购，跨国公司的模式在很大程度上提高了瑞士医药企业及其产品的国际竞争力。作为世界最大的钟表出口国，瑞士钟表业发达，通过跨国兼并和收购，瑞士形成了三大钟表生产跨国企业，其产品竞争力强，东亚国家为瑞士钟表的主要市场。

除机电金属业、化工医药业和钟表制造业外，瑞士的金融业和保险业也非常发达。瑞士是全球最大的离岸金融中心，它管理的资产一般来自其他国家，其管理的资产占全球市场份额的35%，被公认为国际资产管理的领导者，国际资产的经营管理是支撑瑞士经济的重要行业。同时，瑞士的保险业发达，其保险的深度和密度在全世界排名前列，其中，再保险是瑞士保险业的一大特色；瑞士保险市场对外开放度相对较高，国际保险业务为瑞士挣得了大量外汇，成为瑞士经济的一个重要增长点。

2. 瑞士优势产业形成原因

作为一个内陆国家，瑞士探索出了一条适合本国国情的经济发展道路。在诸多促进产业兴盛、经济发展的因素中，永久的中立政策、注重对外开放、重视创新人才培养体系是瑞士优势产业发展壮大的重要原因。

（1）永久的中立政策是瑞士产业发展的政治保障

发达的经济离不开金融业的支持，而金融业受政治影响大，永久的中立政策为瑞士的金融业发展提供了重要的政治条件，提高了其金融业的稳定性和可靠性。瑞士金融业的繁荣发展吸引世界各地的资金和存款进入瑞士，充足的资金又促进其国内其他产业的发展，形成了金融业和实体经济的良性循环。

（2）重视创新和科研投入，提高产业附加值

瑞士作为一个内陆国家，国土面积较小，自然资源贫乏且国内市场狭

小，工业发展先天条件不足。这种情况迫使瑞士经济外向发展，大力发展面向国际市场的体积小、附加值高的高精尖制造业，以提高本国产品的国际竞争力。为此，瑞士在创新和科研方面投入较高，其研发投入约占每年GDP 的 2.7%，是全球人均科研经费最高的国家。同时，为更好地激发创新活力，瑞士政府在鼓励创新方面制定实施了多方面支持政策并颁布了相关法律，着力推动创新发展。

（3）完善教育培训体系，强化产业发展的人才支撑

瑞士的职业教育和培训体系发达且完善，通过教育和培训为产业发展提供了人才支撑。瑞士在就业方面实行先培训后就业的制度。为培养符合产业发展需要的人才同时促进就业，其教育和培训以市场需求为导向，大部分学校根据产业发展对人才的需求不断调整专业设置和培训内容，大力培养技术人才和实用人才，通过提高就业人员的专业性来提升人才与市场需求的适配度，使各类人才充分发挥促进产业发展的作用。

第六章　内陆地区开放发展的路径创新

对于开放发展水平相对较低的内陆地区而言，加快发展开放型经济需要在借鉴国际国内开放发展经验的基础上，根据内陆地区自身实际，从多方面协同推进开放型经济发展。推进内陆开放型经济发展的重要环节在于探寻适应内陆地区区位条件和发展实际的新路径，通过路径创新促进开放型经济发展。

一、推进产业协同发展

随着产业分工越来越细，产业、产品的种类也越来越多，没有哪个国家、地区能够独立生产全部产品，因此，通过区域合作完善产业链和供应链是发展的必然趋势，内陆地区的发展必然离不开产业链和供应链的协同发展。产业链和供应链的建设，既是开放合作的结果，也是开放合作的原因。当前，内陆地区产业同质化现象相对较为严重，如四川与重庆的优势产业大类重叠度高，跨区域产业联动协同发展暂未形成。推进开放发展应完善产业链和供应链，以产业联动协同发展促开放，以开放延伸产业链、提高产业链的辐射能力、补充产业链的不足，不断提升产业价值链。

（一）内陆地区产业协同现状

内陆地区产业多样，但各省份之间基本上还未形成产业联动发展格局，多省之间的产业竞争多于产业合作。尽管产业竞争也能推动内陆地区产业发展，但过度竞争会导致劣币驱逐良币的现象出现，不利于产业持续发展和高质量发展。目前，内陆地区产业多处于产业链底端，产业附加值不高，各省份之间总体上呈现产业竞争大于合作的局面，产业发展未步入良性循环轨道。这种情况可以在内陆地区 13 个省份的支柱产业构成和产业发展规划中得到体现。

1. 内陆省份支柱产业概况

（1）山西省支柱产业

山西作为煤炭资源大省，煤炭工业是其重要支柱产业。2020年，山西煤炭工业增加值占规上工业增加值的比重达到52.6%，以煤炭延伸的相关产业是其经济增长的主要源泉。

近年来，随着煤炭资源逐渐枯竭，山西逐步调整产业结构，发展新兴产业，在新材料等高附加值产业上取得长足发展，但当前山西产业发展基础仍然偏弱。从产业规模看，在山西14个战略性新兴产业中，半导体、通用航空等7个产业的产值均未超过百亿元，这些产业仍处于早期培育阶段，企业呈现"少、小、散"的特点，未能形成区域和产业集聚。从产品结构看，山西缺乏一批拥有自主知识产权、核心技术的高科技含量、高品牌附加值、高产业关联度、高市场占有率的产品。从产值占比看，战略性新兴产业增加值占工业增加值的比重只有10%，居中部地区六省末位，尚不能构成经济"支柱"。从企业主体情况看，当前半导体、生物基新材料等产业的企业数量不多、实力不强，龙头企业带动作用不强，产业发展任务较为艰巨。

（2）河南省支柱产业

河南作为农业大省，重工业基础薄弱，形成了以食品加工业、服装纺织业和装备制造业为主的产业结构。

河南在粮食和畜禽方面具有较强优势，围绕面制品和肉制品，已经构建起在全国具有较强竞争力的全产业链条，培育出了一些具有海外影响力的品牌。

根据《河南省国民经济和社会发展第十四个五年规划和二〇三五年远景目标纲要》，河南现阶段着力推动装备制造、绿色食品、电子制造、先进金属材料、新型建材、现代轻纺等战略支柱产业固链强链，培育新型显示和智能终端、生物医药、节能环保、新能源及网联汽车、新一代人工智能、网络安全、新材料等产业。

（3）安徽省支柱产业

在内陆地区中，安徽产业布局较早，目前已经形成电子信息、装备制造、材料、新能源、食品医药、纺织服装六大支柱产业。同时，安徽正将智能化产业作为主导产业加以培育，着力提高其产品竞争力。第三产业方面，数字创意、金融服务、科技服务、研发设计、现代物流、商务咨询、电子商务、新型专业市场、法律服务等服务业正蓬勃发展。

（4）陕西省支柱产业

陕西制造业较为发达，制造业涉及航空、航天、汽车、电子、装备、医药等众多产业领域，制造业门类全、规模大且技术和研发实力雄厚。2020年，陕西制造业完成总产值比2015年增长了20%以上。其中，汽车产销量增速居全国第一；光伏产品产销量大，隆基绿能科技股份有限公司已成为全球市值最大的光伏产品制造企业，其单晶硅片产销量稳居全球第一。

通过创新，陕西制造业内新产品层出不穷，为产业发展注入了活力。其中，碳纤维及其复合材料、太阳能电池、集成电路圆片等工业新产品的产量高速增长，光纤、光缆、智能手机、智能电视机等产品的产量全年增幅在30%以上，新一代信息技术、航空航天和高端装备、新能源、新能源汽车等战略性新兴产业正提质增效，逐步发展。

（5）甘肃省支柱产业

甘肃自然资源相对较为丰富，因此，能源、石油化工、有色冶金、装备制造等资源消耗型产业成为其支柱产业。近年来，随着自然资源的不断减少，甘肃开始寻求发展可持续、再生产业。根据《甘肃省国民经济和社会发展第十四个五年规划和二〇三五年远景目标纲要》，未来甘肃将加快有色冶金、装备制造和电子信息等传统制造业转型升级，加快绿色环保的生态产业提质增效，同时大力发展半导体材料、氢能、电池、储能和分布式能源、电子、信息等新兴产业。

（6）宁夏回族自治区支柱产业

宁夏主要以石化、冶金、机械、建筑建材、医药和农副产品加工为支柱产业。近年来，随着经济转型发展，宁夏将电子信息、新材料、食品饮料等产业列为重点发展产业。

（7）青海省支柱产业

青海地处中国西部，得益于资源优势，青海构筑起由四大支柱产业、五大优势产业为主的产业格局。其中，电力、盐湖化工、石油天然气、有色金属为四大支柱产业；五大优势产业包括锂电储能、光伏制造、有色合金新材料、特色化工、生物医药和高原动植物资源精深加工。目前，青海正在转型升级有色（黑色）金属生产、基础化工、藏毯绒纺三大传统产业，着力培育电子信息材料、新能源汽车零部件、高端装备制造、绿色环保、航空航天新材料五大战略性新兴产业。

（8）四川省支柱产业

深处我国内陆的四川已经形成装备制造、电子信息、食品饮料、能源化工、先进材料五大支柱产业，五大支柱产业与数字经济结合，构建起"5+1"现代产业体系。目前，四川正着力打造全球重要的电子信息、装备制造、食品饮料等产业集群，以及全国重要的先进材料、能源化工、口腔医疗、核技术应用等产业集群，并培育人工智能、生物工程、量子信息等未来产业集群。

（9）重庆市支柱产业

与四川山水相连的重庆，拥有汽车产业、电子产业、材料产业、消费品产业、化工产业、装备产业、医药产业、摩托车产业、能源产业九大工业支柱产业。目前重庆正加速发展战略性新兴产业，着力推动高端装备、新材料、生物医药、新能源汽车及智能网联汽车、节能环保等产业集聚发展；推动电子、汽车摩托车、装备制造、消费品、材料等传统产业向高端化、智能化、绿色化升级发展，同时发展服务型制造业。

（10）湖南省支柱产业

湖南以农副产品加工业、石油化工、有色金属冶炼和压延加工业、工程机械、汽车制造、专用设备制造业、轨道交通等为支柱产业。目前，湖南正加快建设"3+3+2"产业集群，包括工程机械、轨道交通装备、航空动力三个世界级产业集群，信创产业、先进材料、节能环保新能源三个国家级产业集群，满足衣食住行、健康养老等人民美好生活需要的传统产业升级产业集群。

（11）湖北省支柱产业

湖北以汽车制造、食品加工、化工、非金属矿物制品业和电子设备制造业为支柱产业，其中，除一些互联网企业的第二总部、少数互联网企业的发家地以及芯片业外，大多数支柱产业属于劳动与制造密集型产业。目前，湖北正围绕"光芯屏端网"、汽车、生物医药等重点优势产业发展总部经济、枢纽经济，打造万亿级汽车产业集群；围绕"襄十随神"和"宜荆荆恩"城市群高质量发展经济带建设，重点打造汽车及新能源汽车、装备制造和绿色化工、生物医药等产业集群。

（12）江西省支柱产业

江西重点发展电子信息、航空、生物医药、汽车及零部件、智能装备、大健康、现代物流等产业。其中，电子信息产业主要发展移动智能终端、半导体照明和数字视听三个细分产业。航空产业在产品总体设计、试验验证、先进制造和总装总成方面具有较强实力。汽车及零部件产业具备了较完整的产业链。智能装备产业主导产品包括工业与服务机器人、智能电网、中高档数控机床、自动化生产线等。生物医药产业子行业门类齐全，其中中药和医疗设备占主导地位，具备较好的产业基础；医药的四个主要子行业中成药、化学药、医疗设备制造、生物医药在全省均有覆盖，产业体系完备，产业链条完整，其中中成药和医疗设备制造业规模较大，中成药主营业务收入位居全国各省同行业第三，医疗设备制造在全国各省同行业中位居第五。现代物流产业是江西的传统产业，冷链物流、零担专线物流、医药物流、快递物流等产业基础较好，近年来江西在物流产业集群、物流标准化、城市配送、智慧物流配送等产业发展方面取得了明显进展。

（13）贵州省支柱产业

贵州的支柱产业主要有煤炭开采和洗选业，酒、饮料和精制茶制造业，电力、热力生产和供应，非金属矿物制品制造等。近年来，贵州将产业发展重心瞄准高端先进装备制造业、新型建材产业和大数据电子信息产业，同时推进烟酒产业、能源产业、化工产业、材料产业、食品加工产业发展。

2. 内陆省份产业协同状况

综合内陆地区各省份的支柱产业构成情况及规划发展产业情况可以发现，内陆省份支柱产业和重点发展的新兴产业重合度相对较高，几乎每个省份都想在高端产业链上谋得一席之地，对电子信息、汽车、新材料、能源、医药等产业作出发展规划。各省份之间产业重合度较高，往往导致竞争大于合作的问题。

过度同质化竞争带来的后果是资源利用效率不高、比较优势难以发挥。为此，应当着力推动内陆地区各省份在产业链上进行整合协作，通过政府协调建立产业协调机制，根据现有的工业基础和产业优势进行产业结构调整，形成内陆省份错位发展、优势互补、分工合作的产业链条，使内陆地区产业抱团发展，放大产业优势，增强规模优势，提升产业竞争力，从而有效扩大内陆地区产品的国际国内市场份额，促进开放发展、高质量发展。

（二）推进内陆地区产业协同发展的举措

推进内陆地区产业协同发展，需要改变内陆省份产业同构、产业竞争大于产业合作的产业发展格局，变产业竞争为产业协同发展，尽快形成内陆省份之间以及内陆省份与国内其他省份之间产业合作的局面，形成产业协同、产业链协同发展格局。推进内陆省份产业和产业链协同发展，需要建立健全产业及产业链协调发展机制。

1. 建立产业发展统筹机制，推动内陆地区产业融合发展

统筹机制是一种为达到目标而进行系统规划、合理利用现有资源、运用科学的方法来筹划各项事务的综合机制。当前，涉及内陆地区的国家发展战略很多，共建"一带一路"倡议、西部大开发战略、长江经济带发展战略、成渝地区双城经济圈建设、西部陆海新通道建设等均与内陆省份有关联，应充分利用这一系列国家发展战略实施的有利时机，尽快建立内陆地区产业发展统筹机制。

鉴于产业统筹涉及内陆地区 13 个省份，属于跨行政区域事项，因此，应由中央牵头、内陆省份参与，共同构建内陆地区产业发展统筹机构和统筹机制。内陆地区产业发展统筹机构要做好内陆产业发展顶层设计，根据内陆省份的资源要素状况、产业发展现状、内陆地区产业整体发展需要以及国家发展战略的要求，按照各省份产业错位发展、错链发展的原则，对内陆地区产业发展作出统领性调整和规划，以规划引领内陆省份产业错位发展、错链发展、协同发展。为保证内陆地区产业协同发展目标实现，要建立健全内陆地区产业协同发展推进机制，通过有效的途径、适宜的方式逐步推进内陆省份产业调整重构，通过产业重构实现产业错位错链发展、协同发展、融合发展，以做大做强内陆产业，增强内陆地区产业竞争力，为内陆地区扩大开放、高水平开放奠定产业基础。

2. 破除体制机制障碍，推进市场一体化发展

内陆地区产业协同发展要通过产业结构调整实现产业错位发展、错链发展，这意味着内陆省份之间的产业分工更加细化，彼此间的经济联系更加紧密，相互间产品、要素流动更加频繁且规模更大，这就要求有统一开放的大市场；同时，开放发展本身就要求市场开放。但是，我国以分权与

市场化结合为基本特征的体制架构，难以避免行政区划分割导致的利益分割、市场分割，由此对资源、要素、产品的跨行政区流动产生阻碍，为此需要消除有碍市场一体化发展的障碍，推动内陆地区形成统一开放大市场。

一是进一步破除行政性壁垒，促进产品、要素自由流动。行政区划分割导致的利益分割，使内陆省份或多或少存在阻碍市场一体化发展的行政性壁垒，消除这类行政性壁垒是推动内陆地区市场一体化发展的需要。为此，内陆地区应实施统一的市场准入负面清单，消除行政区划分割造成的歧视性、隐蔽性市场准入限制。

二是逐步建立健全区域市场一体化发展新机制。为推动内陆地区统一、开放大市场尽快形成，应探索建立规划制度统一、发展模式共推、治理方式一致、区域市场联动的区域市场一体化发展新机制，通过该机制的推进和协调，促进内陆地区统一、开放大市场尽快形成和运转，促进内陆地区 13 个省份间产品、要素自由流动。

三是按照统一、开放、竞争、有序的要求，优化内陆地区市场监管。在这方面，要实施公平竞争审查制度，进一步优化营商环境，激发内陆地区的市场活力。要协调统一内陆省份的市场监管模式、监管内容、监管手段并开展监管合作，推进市场监管规范化、一体化。

四是完善市场交易平台和交易制度。内陆地区要尽快建立健全适应新时代开放发展、高质量发展需要的各种市场交易平台和交易制度，如完善用水权、排污权、碳排放权、用能权等产权交易制度，进一步完善自然资源资产有偿使用制度，培育发展各类产权交易平台，加快构建统一的自然资源资产交易平台，以促进资源、要素自由流动、优化配置。

3. 建立和完善产业合作机制，推进内陆地区产业合作发展

一方面，建立内陆地区产业合作机制，推动内陆地区区域内的产业合作互动；探索建立跨区域产业合作交流机制，加强内陆地区与京津冀、长三角、珠三角地区的产业合作，推动形成合理的产业布局，提升产业合作层次和水平，促进内陆地区内部以及内陆地区与国内其他地区产业的协同发展。同时，鼓励社会组织、商会、协会共商共议产业发展，通过民间组织等促进跨区域的企业、产业合作。

另一方面，建立或借助现有国际产业合作机制，加强内陆地区在国际上的产业合作。内陆地区可争取建立国际产业合作机制，搭建与其他国家

或经济体特别是与 RCEP 其他成员国的经贸合作机制，加强与相关国家的贸易往来和产业合作；同时，可借助共建"一带一路"倡议和 RCEP，通过"一带一路"国际合作高峰论坛、中非合作论坛等平台，加强与相关国家或地区的产业合作。

4. 优化产业互助机制，推动产业互助发展

推进内陆省份扩大开放、高水平开放需要内陆地区产业协同发展，产业链、供应链各环节密切配合、协调发展。为此，要加大对内陆地区产业发展不足或产业链和供应链薄弱环节的支持力度，以强化企业合作以及产业链、供应链、价值链合作为载体，搭建互助合作平台，促进企业之间的交流合作，推动人才、技术、资金向产业不发达地区以及产业链、供应链薄弱环节和地区流动，促进其提高产业技术水平、管理水平，补齐内陆地区产业短板或产业链、供应链短板。

同时，可以开展对口帮扶和协作。通过构建政府、企业和相关研究机构等社会力量广泛参与的对口产业协作（合作）体系，如建立对口合作产业园区等，对内陆地区薄弱产业或产业链、供应链短板加以扶持、支持，通过对口产业协作，实现协作各方互利共赢。

二、着力通畅开放通道

方便快捷的交通通道是开放合作的基础。跨区域交通建设既是区域合作成果、合作程度的体现，也是区域之间开放合作的必要条件。内陆地区的地理位置、地势特点决定了内陆地区交通基础设施建设难度相对较大、交通条件相对较差，相对较低的经济发展水平又使内陆地区交通基础设施建设发展不足。内陆地区要持续扩大开放、推进高水平开放，必须有畅通快捷的开放通道。为此，要加快内陆地区开放通道建设，高标准建设开放通道。内陆省份既要充分利用有利条件，完善水、陆、空立体交通体系建设，也要建成高、中、低搭配的复合型通道，还要建设好开放通道的配套设施，提高其数字化、信息化、智能化水平，为内陆地区开放发展奠定通畅、便捷、高效的交通基础条件。

（一）加快构建方便快捷、联通内外的综合立体交通网

交通条件是影响开放发展的重要因素。相对沿海沿边地区而言，内陆

地区交通设施建设相对不足，交通通达度相对较低。提升内陆地区开放水平，加速内陆开放型经济发展，需要从多方面强化内陆地区交通基础设施建设，有效提高内陆地区交通通达度。

1. 构建完善的国家级综合立体交通网

铁路、公路、内河航道和航空方面的建设是区域交通畅通最基本的设施保障。要提升内陆地区交通通达度，这四个方面的交通基础设施建设缺一不可。当前内陆地区交通基础设施建设与东部沿海地区差距较大。四川、陕西、甘肃等省份的高等级公路、铁路密度相对较低，一些地方还未通铁路。黄河和长江均流经内陆地区并通向沿海地区，是内陆地区重要的航运路径，但内陆地区内河航道未得到充分利用，机场建设密度也相对较低，为此需要加大交通基础设施建设力度。

（1）以畅通西部陆海新通道为目标强化铁路建设

铁路作为综合交通运输体系骨干和主要交通方式之一，在内陆地区开放通道中具有重要地位和作用。它是内陆开放通达度的主力，是内陆地区对外开放通道建设的重点。内陆地区不临海，没有海港，而且多数省会城市连内河港口都没有，在这种情况下，建设好陆上通道尤其重要。在陆上通道中，铁路具有运输量大、成本低、时间短等多方面的相对优势，是内陆地区的重要对内对外通道。畅通内陆地区开放通道，需要加快内陆地区铁路建设。特别是内陆地区要抓住 RCEP 生效带来的有利时机扩大南向开放，加强与 RCEP 成员国的经贸合作，需要通过西部陆海新通道以及东部沿海地区港口与南向国家、地区开展经贸往来，为此要尽快建成多条通向沿海、沿江、沿边港口城市的高速铁路和货运铁路，尽快形成内陆地区通往长三角、珠三角、长江水道和沿边地区的快速铁路客运、货运通道。

西部陆海新通道北接丝绸之路经济带，南连 21 世纪海上丝绸之路，是内陆地区西向、南向开放的重要通道。内陆地区的西部省份正好处于西部陆海新通道沿线，因此，内陆地区要抓住西部陆海新通道建设国家战略实施的重要机遇，着力推进西部陆海新通道中的铁路建设并优化通道运营模式、提高运营效率。

目前，西部陆海新通道内铁路建设存在一些不足。一是干线通道仍存在短板。虽然通道主体骨架已基本形成，但还有部分干线有待加快贯通，部分路段仍然运力不足，如黄桶至百色的铁路作为西线通道的重要组成部分，由于通道整体运输需求、沿线经济据点覆盖等因素，目前仍处于前期工作阶段。二是"前后一公里"建设有待加强。目前，通道内铁路货运网络干支不协调、"前后一公里"运输不畅的问题较为突出。一方面，通道内部分老旧铁路支线处于闲置低效状态；另一方面，在通道运量大幅度增长的背景下，物流园区企业专用线、北部湾部分港口支线等"前后一公里"的集疏运体系仍不完善。三是运输调度管理水平和运营效益还有待提升。在铁海联运班列的运营中，个别地市在一定程度上存在协调配合不足、整体联动欠佳的问题，"枢纽争夺战""起点卡位战"时有发生，迫切需要有关各方加强协调配合、畅通节点、优化组织、提高效率。此外，由于西部陆海新通道仍处于市场培育阶段，与江海联运或其他铁海联运方式相比缺乏价格优势，加之沿线各地交通条件和资源禀赋趋同，容易导致资源浪费甚至恶性竞争。

针对西部陆海新通道建设运营过程中存在的问题，推动西部陆海新通道上的铁路建设和优化运营应着重在三个方面发力。

一是补齐短板，增强铁路通道整体运输能力。要聚焦铁路通道的短板和不足，按照"一盘棋"思路统筹谋划通道发展，着力贯通干线通道，完善路网布局，以增强铁路通道整体运输能力。目前，要以打通缺失路段为重点，开工建设黄桶至百色铁路等项目，优化完善西通路；以打造大能力通路为重点，稳步推动关键项目建设，提升中通路运输能力；以提升既有线路能力为重点，加快建设重庆至黔江高铁，释放既有干线铁路货运能力，进一步完善东通路。在此基础上，尽快形成东中西线通路合理分工、核心覆盖区和辐射延展带密切沟通、与东南亚地区互联互通的西部陆海新通道陆路交通网络。

二是健全功能，完善沿线交通枢纽布局和集疏运体系。要结合区域经济条件、区位特点和开放发展要求，优化完善沿线物流枢纽的功能和布局，如推动重庆物流和运营组织中心建设，建设成都国家重要商贸物流中心，稳步推进沿线国家物流枢纽和重要物流节点的建设。同时，进一步强化支线铁路、专用线以及铁路货场、多式联运中心等集疏运体系的规划建设，着力扩大路网覆盖范围，使其连接沿海港口和内陆枢纽，推动综合运输体系融合发展，以打通"前后一公里"堵点，充分发挥铁路网中"毛细血管"的引流上线功能。

三是提质增效，提升铁路运输规模和效率效益。要以运输协调和运营模式创新为抓手，着力优化铁路运输组织，加强集装箱中转集结，建立健全信息共享机制，稳步增加铁海联运班列开行数量，打造西部陆海新通道班列运输品牌。同时，以着力降低班列运行成本、优化班列全程物流服务为目标，推行以铁路为衔接主体的多式联运"一单制"，鼓励铁路运输企业与通道运营平台及相关企业签订中长期协议，提升通道运营效益和竞争优势。

（2）围绕西部陆海新通道建设加强公路建设

公路是西部陆海新通道的重要组成部分，在内陆地区特别是西部内陆地区，一些地方的铁路建设难度较高且缺乏航运条件，对外通道以公路为主，因此，畅通西部陆海新通道需要进一步推进公路建设。

一是着力贯通高速公路主通道。当前内陆地区高速公路末端道路建设不完善，导致运输效率偏低，部分国家高速公路主通道通行能力不足，影响公路通道功能发挥。为此要加快内陆地区高速公路未贯通路段建设步伐，尽快建成内陆地区高速公路网；加强国家高速公路主通道拥挤路段的扩容改造，全面提升通道服务能力。

二是强化地方高速公路对接，打通内陆高速公路省际通道。建设内陆地区统一大市场、畅通西部陆海新通道，需要打通内陆省份之间以及内陆省份与沿海沿边地区之间的高速公路。在这方面，西部内陆省份应建立协调合作机制，共同谋划高速公路建设和对接相关事宜，尽快形成省际高速公路通道，形成对国家高速公路网起到平行分流和衔接转换作用的地方高速公路网，以扩大高速公路辐射范围、增强联通强度和机动灵活性，推动高速公路更好发挥畅通西部陆海新通道的作用。

三是畅通内陆地区与国内主要城市群的高速公路通道。内陆地区推进开放发展需要加强与沿海沿边地区的经贸合作，因此需要与沿海沿边地区保持公路通道畅通。内陆地区要依托国家高速公路主干道布局，加速构建连通京津冀、长三角、粤港澳大湾区的高速公路网，推进核心城市、重要城镇间高速公路直通互联。

四是推进连接沿边、沿海、沿江口岸的高速公路建设，实现内陆腹地与沿边口岸、沿海港口的快速连接。这方面要重点支持连接东南沿海口岸的高速公路建设，推进沿江高速公路特别是三峡翻坝高速公路建设，以扩大内陆水港的辐射范围。

五是推进连接民用机场的高速公路建设。重点推进和完善成都、重庆、郑州、武汉等重要城市机场周边的高速公路建设，优化机场周边高速公路集疏运网络，以扩大机场辐射范围。

（3）着眼于优化西部陆海新通道，加强内河航道建设

在所有运输方式中，水路运输的成本独具优势，水运干线一般承担大运量、长距离、外向型运输任务。内河航运是内陆地区重要的交通运输方式。长江是我国最长的河流，流经内陆多个省份。内陆地区要充分利用长江黄金水道的作用，以长江黄金水道为依托，加强内河航道建设，形成畅通的水运大通道。目前，内陆地区内河航道水道建设状况不太适应内陆地区扩大开放的要求。一是，布局不够完善，高等级航道占比偏低，航道网络化程度不高，内河水系间沟通不足。二是，对航道和港口资源过度开发，建设标准较低，导致环境和经济承载力下降。

畅通并优化西部陆海新通道，需要从四个方面加强内陆地区内河航道建设。

一是加快建设高等级航道。通过对低等级航道的基础设施改造和航道整治，畅通航道运输，提高航道运力，使高等级航道联通内陆地区重要城市和综合交通枢纽等，并使需要长距离运输的大宗商品、集装箱等能够更方便地在内陆地区与其他地区转运。同时，拓展现有内河航道联系范围，沟通长江与其他水系，构建通达的水运网，延长长江水道触及面，扩大水运辐射范围并优化铁水联运、陆水联运通道。

二是强化内河主要港口的综合枢纽功能。重庆和武汉是长江上、中游重要节点城市，充分发挥其水运枢纽功能需要加强这两个城市的水运港建设，在长江干线和内陆其他重要水运干线等有条件的主要港口打造一批规模较大、设施先进、功能完善、服务高效、具有示范和带动作用的现代化港区。同时，根据长江水道整体情况、港口地理位置和所在城市承担的航运分工职责，对其他内河主要港口和部分港口进行有针对性的专业化开发。此外，要完善内河港口集疏运体系。结合国家和地方公路、铁路网建设规划，做好主要港口和重要港口集疏运体系专项规划，着力完善其集疏运体系。

三是强化港口营运管理的科技支撑。要加紧推进智慧水运建设，强化现代信息技术在港口运营、管理中的运用，如通过自动化码头和堆场的数字化、智能化改造和建设，提高水港数字化水平；加强智慧港口建设，通过引进自动化设备优化内河港口搬运、包装、仓储等流程，增强港口作业的效率和安全性。

四是推动港口协同发展。一方面，在国家层面完善长江流域在交通、水利、水电等方面的合作机制，统筹长江流域水资源开发、调度和利用，建立上下游枢纽通航联合调度、安全监管和应急机制，推动高等级航道和其他重要航道闸坝复航，保证船舶运行安全、畅通。另一方面，加强各级交通运输部门与发改、国土、环保、城建等相关部门的沟通协调，为内河水运建设和发展创造良好条件。此外，发挥长江水运发展协调机制作用，加强省份间、部门间有关各大水系内河航道建设和运营管理的协调、合作。

（4）围绕西部陆海新通道建设推动航空建设

在航空方面，内陆地区与沿海沿边地区相比仍然发展不足，推动西部陆海新通道建设需要加强内陆地区航空建设。

内陆省份要根据地理区位、交通枢纽和国家战略来确定各自的航空功能定位，根据航空功能定位推进航空建设。一方面，成都、武汉、西安、郑州等国家中心城市是国际人员往来中转地、物流集散地、中转服务重要节点城市，应以这几个城市的航空枢纽为支撑，加紧建设连接 RCEP 成员国和世界其他重要枢纽机场的航空运输网络，将其打造为亚太地区重要的国际航空枢纽。另一方面，在民航管理、运营模式、海关等方面进行体制机制创新，优化航空运输通关流程，探索并优化水陆空铁多式联运模式，通过创新优化航空运输模式和管理模式，提高航空运输效率和效益。

2. 完善内陆地区国际交通运输网络

内陆地区的开放发展不仅需要联动国内沿海沿边地区，而且要面向全球、走向世界，因此，需要构建发达完善的联通全球的交通运输网络。

在建设完善内陆地区国际交通运输网络方面，要以陆海联动、东西互动为着眼点，着力构建功能完备、互联互通、陆海空三位一体的国际交通运输网络。除进一步加强航空枢纽建设、推动建设更多国际航线以畅通国际航空通道外，还需加强国际陆路交通通道建设。在这方面，应以建设新亚欧大陆桥、中蒙俄、中国—中亚—西亚、中国—中南半岛、中国—巴基斯坦、中国—尼泊尔—印度、孟加拉国—中印—缅甸 7 条陆路国际运输走廊为重点，加快形成多元化国际运输走廊；同时，充分发挥中欧班列品牌效应，推动国际货运列车特别是中欧班列加速发展，促进国际陆路运输发展。

3. 通过交通与相关产业融合发展完善开放通道功能

现代交通运输是一个集多种功能于一体的综合性服务集成体，其建设和发展需要方方面面的配合和协调。构建内陆地区高效便捷的开放通道，需要交通运输与一系列相关产业融合发展。

（1）推进交通与邮政快递融合发展

一方面，推动在铁路、机场、城市轨道等交通场站建设邮政快递处理和运输专用场所。在重要交通枢纽建设航空、铁路、水运快件专用运输设施和设备，实现安全集中检查和快件集中寄递。另一方面，统一各运输方式之间的货物装卸标准，实现跨运输方式的数据共享和跨区域信息共享。此外，着力发展航空快递、高铁快递，促进多式联邮、快递，促进行业间、地区间以及各种运输方式间信息共享、互联互通，增强交通运输的便利性、快捷性和协调性。

（2）推进交通与现代物流融合发展

一方面，加强现代物流体系建设，优化内陆主要物流走廊和中转枢纽，加强物流枢纽应急区、冷链、分拣加工区建设，加强物流与港口、机场、车站间的联系，强化重点城市的重要物流通道和配送网络之间的衔接，特别要注意加强干线、支线通道与物流配送网络的沟通和衔接，以提高中转配送效率；同时，注重农村物流基础设施骨干网和终端网建设。另一方面，培育发展一批具有国际竞争力的本土现代物流企业，支持其参与全球供应链的重构与升级，建设以综合交通枢纽城市为依托的全球供应链服务中心，构建开放、安全、稳定的全球物流供应链体系。

（3）推进交通与旅游融合发展

交通对旅游业起着基础性支撑作用，内陆地区推进旅游业开放发展离不开畅通便捷的交通条件，为此需要交通与旅游融合发展。要围绕风景名胜区加快旅游交通体系的规划建设，强化主要交通路线和重点风景区的对接，完善重点旅游景区交通运输体系布局，着力建设具有吸引力的旅游景区交通通道，景区交通运输要体现旅游路线"快进慢游"的特点。同时，着力改进与旅游六要素中"行"相关的服务设施，增强其便捷性和舒适度；鼓励发展旅游交通定制服务，形成以交通带动旅游、以旅游促进交通发展的良性互动格局。

（二）加强物流设施建设，完善物流服务体系

在现代经济中，功能齐备的物流服务是交通通道通畅便捷的重要保障，是推动对外贸易发展、跨国投资经营的必备条件，内陆地区打造通畅的开放通道，需要围绕开放通道建设加强物流设施建设，完善物流服务体系，使物流服务与开放通道相互配合、相得益彰，共同促进内陆地区开放发展。

1. 优化物流园区布局

目前，内陆地区有不少物流园区，但一些物流园区布局不太合理，影响了其物流功能的良好发挥，为此，内陆地区要着力优化物流园区布局。

一般而言，地级以上城市和有条件的人口或经济大县，可依托铁路、公路、内河、航空等港口建设铁路港、公路港、河港、空港等物流园区，使其成为区域性物流中心。这类物流园区应发挥各种交通的协同效应，着重建设集多种交通于一体的复合型港口物流园区。一般县级区域可根据交通条件建设中小型物流园区。各物流园区之间要加强包括交通运输通道、信息通道在内的通道建设，以强化园区之间的联系，加强相互合作，发挥物流园区协同效应。

交通位置优越的区域可建设特色物流小镇。特色物流小镇可依托物流园区建设发展仓储、加工、旅游、会展、酒店等，使物流中心、物流园区向综合性生产、服务功能升级转型。另外，特色物流小镇也可依托物流园区设立各类经济开发区，充分利用物流的优势集聚产业，实现物流与工业的高度融合，形成物流与工业相互推进的发展格局。还可以在物流园区发展贸易，开展商品批发及零售业务，推进物流与贸易的融合发展。条件适合的城市、进出口贸易有一定规模的城市可依托物流园区建设保税区，以强化物流园区的进出口贸易功能，在保税区开展加工贸易业务。

此外，内陆各市县可根据经济开发区、高新区等的建设发展需要，配套建设以满足本地特色优势产业发展需求为目标的专业物流园区。通过物流园区与经济开发区的结合联通铁路通道、内河航道等交通通道，方便物流运输，促进企业集聚、产业集聚，以及通道经济发展。为紧抓 RCEP 签署生效之机加速推进内陆地区与 RCEP 其他成员国的经贸合作，内陆地区应特别注重依托西南出海通道，沿通道布局一批国家级物流园区、国家级港口、国家级开发区、国家级高新区等，集聚一批面向国内和国际市场的企业从而形成通道经济。通道经济发展可以进一步降低内陆地区企业的物流成本，方便内陆企业与国内国外企业合作，便于其利用国际国内市场加快发展从而推进内陆地区的经济发展。

2. 推进物流模式多样化

物流模式多样化可以充分发挥交通通道畅通物流运转的功能。内陆地区打造通畅的开放通道、推动物流顺畅流转，需要适应交通条件、物流特点和发展需要打造多种形式的物流。

（1）大力发展第三方物流

通过培育或引进铁路、公路、水运、空运等专业性物流公司，促进第三方物流发展，提升专业物流公司的效率。

（2）推动发展综合性物流

内陆各地可根据自身区位条件、交通状况、产业发展和贸易发展需要，培育和引进国际、国内综合性物流企业，如快递公司、大件运输公司、多式联运公司等，为企业提供一站式物流服务。同时，结合物流园区建设配套建设大型分拣中心、配送中心；鼓励大型企业自建物流公司，通过自建物流公司积累经验再逐步面向社会提供物流服务，增强物流服务供给能力。各类物流企业汇聚既能提升区域物流供给能力，又可以为企业提供多种物流选择，方便企业根据需要选择高效、低成本的物流方式，促进企业物流成本降低。

（3）积极发展新物流

随着经济发展，物流规模逐渐扩大、需求日趋多样化，科技进步又为新的物流模式提供了可能，在这种情况下，各种新的物流模式应运而生。新物流有其适用空间，内陆各地应根据需要积极发展新物流。

一方面，可利用社会闲置运输资源发展共享物流、众包物流，如运输设备共享、仓储共享、技术装备共享、叉车租赁等。鼓励内陆生产企业、电商企业与物流企业在本地建立物流联盟，提高物流效率。

另一方面，除鼓励发展为客户直接提供物流服务的第三方物流企业外，还可以发展专门为电商企业、生产企业制定物流方案的物流咨询公司即第四方物流公司，培育和发展为物流提供人才培训、信息支持、技术支持等服务的第五方物流公司，支持这些企业围绕物流提供多方面服务。

3. 鼓励物流企业参与产业链、供应链建设

为更好发挥物流对经济发展、开放发展的支持作用，应支持物流企业积极参与产业链、供应链建设。物流企业与其他企业结成产业链联盟、供应链联盟，可以为产业链、供应链上的企业提供更便捷、廉价、安全、稳定的物流服务。同时，物流企业也可以更好地适应市场需求，不断提升物流服务供给能力和服务水平、服务效率。

三、强化开放平台建设

内陆地区开放既包括对国际的开放也包括对国内其他省份的开放。从目前的情况看，内陆地区对国外的开放已有一定基础，利用好现有开放平台、建设高水平开放平台是内陆地区实现高水平对外开放的重要路径。然而，内陆地区与国内其他省份间的开放合作还未形成稳定的模式，需要打造跨省开放合作平台，形成内陆地区与沿海沿边地区的合作机制，通过与沿海沿边地区的开放合作实现协同发展。

（一）充分利用现有开放平台并提升平台能级

对外开放平台是开放型经济发展的重要载体，对于承接国际产业转移、吸引国外投资、拉动外贸进出口具有不可替代的作用。内陆地区对外开放必须在借助现有对外开放平台的同时搭建高水平开放平台，充分利用重大会展活动提高会展国际影响力，积极推进国别合作园区建设，不断扩大内陆地区开放规模、提高其开放水平。

国家级会议和展览活动能够带动区域经济贸易合作发展，推动区域对内对外开放合作，最终促进区域经济发展。内陆地区扩大开放、高水平开放，需要充分利用现有会展平台，并着力搭建更高水平、更大能级的会展平台。

1. 充分利用现有开放平台

内陆地区有丰富的会展资源，如中国西部国际博览会、中国—非洲经贸博览会、丝绸之路国际博览会等，为内陆地区对外开放提供了有效的沟通、对接渠道，比如中国西部国际博览会为西部地区提供了一个面向全球市场的机会，在吸引国外投资、拉动外贸进出口等方面发挥着重要作用。内陆地区要充分利用现有面向国际的会展平台，务实办好重大会展和投资促进活动，同时抓住机会积极参与其他地区举办的国际会展，推动开放水平逐步提升。

2. 积极构建高水平、高能级开放平台

内陆地区对外开放除了要注重利用会展平台，也要积极建设跨国合作园区，搭建深化对外开放的平台载体。通过建设跨国合作园区，一方面可

以学习西方发达国家的先进管理经验和先进技术，促进开放发展；另一方面，通过与发展中国家共建合作园区，可以促进彼此间的经贸合作，实现互利共赢，如四川与其他国家共同建设了中法成都生态园、中德（绵阳）创新产业合作平台、中意文化创新产业园、中韩创新创业园、新川创新科技园五个国别合作园区，它们成为四川重要的对外开放平台和载体，有效促进了四川的国际交流合作，是推动四川产业结构调整和产业升级的重要平台，也是四川深度参与国际经贸活动的重要载体。跨国产业合作园区是承载产能合作、产品加工、装备制造、研发孵化、物流集散、产业链集群与经贸合作的重要平台，可以为国内企业抱团出海、参与国际产业链分工、拓展海外市场、扩大对外开放提供有力支持。内陆地区应紧紧围绕主要产业发展，与该产业上下游国家或地区共同打造跨国产业合作园区，通过产业合作深度融入跨国产业链，实现互利共赢。

内陆省份作为有着相似区位条件、比较优势的区域，推进高水平对外开放需要共同的高水平开放平台。为避免内陆省份在对外经贸合作方面无序竞争甚至恶性竞争导致低水平开放、低效率开放，促进内陆省份在对外开放方面协调、有序，内陆省份之间应构建平台打造协作机制，相互协作共同打造高水平对外开放平台，通过共同的开放平台谋求协调一致的对外开放合作，共同实现协同开放、高水平开放。

（二）着力打造跨省开放平台

较高的产业相似度加之各地对经济增长的追求，使内陆省份在对内对外开放发展过程中往往呈现同质化发展、无序竞争状况，由此影响开放水平和效率。为推进内陆地区协同开放、高水平开放，需要打造一个内陆地区跨省开放平台，通过平台协调内陆地区产业发展、开放发展。

打造内陆地区跨省开放平台，目的是在产业信息互通、监管互认、口岸信息互认互换、政务信息资源互认共享、执法互助、统一的负面清单等方面实现内陆省份之间的协同，通过共同的开放平台，积极探索内陆地区企业之间、政府之间的协同路径，以及内陆地区与国内其他地区、境外国家和地区之间的合作路径。具体而言，可以通过四个方式打造内陆地区跨省开放平台。

1. 签署联动发展合作备忘录

由内陆省份共同签署内陆省份之间的联动发展合作备忘录，在加大跨区域重点项目的协同力度、搭建高水平制度创新理论研究和交流平台等方面达成共识，努力破除内陆地区融合发展的制度性障碍。

2. 建立健全协同机制

通过建立协同机制，推动内陆地区在政策、制度、产业发展等方面协调协同，推动内陆地区抱团谋求对外经贸合作、向外拓展经济贸易发展空间。不同省份之间的政策、制度冲突是阻碍内陆地区经济一体化发展的重要因素，通过协调机制促进内陆各地政策协同、制度协同，可以避免不同省份之间的政策、制度冲突和竞争造成的产业同构、同质化发展，推动内陆省份错位发展、错链发展，形成产业合作、产业链合作、协同开放发展局面，实现政府搭台、企业唱戏、共谋发展。

3. 建立跨省互通互认协作平台

内陆省份要共同建立跨省互通互认协作平台和机制，破除劳动力、资本等生产要素的流动障碍，推动要素在内陆地区自由流动。

4. 构建综合性交流合作机制

内陆省份间的开放合作需要围绕多方面内容展开，除通过上述三方面举措搭建开放平台、促进内陆省份间的开放发展外，内陆省份还应构建项目协同、营商环境优化、创新理论研究交流等方面的协作机制，通过协作机制沟通协同作用的发挥，在项目协同、营商环境优化、创新理论研究交流等领域开展深度合作，提升内陆地区整体软实力。

四、加快推进自贸区建设

自由贸易试验区是当前我国内陆地区对外开放的重要门户和节点，强化自贸区建设是推动内陆地区开放发展的必然选择，推进内陆地区开放发展、提高内陆地区开放水平，迫切需要加快自贸区建设步伐、提高自贸区建设水平。对自贸区建设而言，物流建设是基础、制度建设是根本、金融创新是动力，三者共同构成加快内陆地区自贸区建设的重要内容。

（一）强化物流体系建设

当前内陆地区自贸区建设普遍存在物流体系不完善、运输效率低下的问题。一是自贸区物流企业的服务能力相对海外发达国家和地区还有一定差距。在布局方面没有形成高效、协同格局，多、小、散、乱仍然是当前部分内陆自贸区物流企业的特点；同时，高端物流服务、新型物流业态等领域还较为薄弱，难以支撑开放发展对现代物流服务的需求。二是内陆地区跨国运输成本较高。由于区位局限，内陆地区对外贸易多数需要转运或跨国运输，由此导致运输成本相对较高；同时，由于信息沟通以及运输方式对接等方面的原因，不时出现物流服务供需错配等问题；此外，目前跨国运输中国外沿线交通基础设施和配套服务存在不足，难以支撑当前跨国货物运输服务，亟须对接和完善。三是各自贸区港口的综合服务水平有待提升。如当前内陆地区中欧班列之间往往处于竞争状态，独立揽货、信息不互通，难以形成协同效应，致使不能有效利用班列相关资源，影响中欧班列运营效率和效益；由于缺乏有效的协调沟通机制，在对外贸易洽谈时难以将零散货物集中在一起发货，由此导致难以降低物流成本、形成价格优势。四是通关手续烦琐。近年来，内陆地区各自贸区在通关手续、流程方面虽然几经创新、优化，但通关手续烦琐的问题仍然不同程度存在，如海关手续繁杂且不同海关之间不互认，转关运输货物缺乏银行部门的有效担保和保障等，由此导致货物进出口时间拉长、物流成本提高，难以有效规避风险，影响物流通畅，制约物流效率提升，影响对外贸易高质量发展。

发达完善的物流体系是完善自贸区功能的基础，内陆地区要发展现代物流，就要加强内陆地区自贸区物流体系建设。

1. 完善国际物流业

完善国际物流业是强化自贸区物流体系建设的重要内容，为此，自贸区要进一步完善国际物流业。通过搭载自贸区平台，培育本土国际物流企业并鼓励国际物流企业进一步合并和重组，提高自贸区国际物流水平；在内陆地区建立几个国际商品物流集散中心，开展专业物流分工、国际物流运输等业务，提升国际物流运输效率。

2. 营造良好的物流市场环境

自贸区要在物流企业开办、建设等方面给予一定的政策性帮扶和优惠，对物流企业发展提供政策引导，特别是内陆地区枢纽性城市对物流业发展要加大支持力度，扶持枢纽城市物流业加速发展。

3. 加强跨境物流的协调和管理合作

要积极寻求内陆地区自贸区与相关国家之间跨境物流的协调与管理合

作，提高内陆地区与各国通关工作的对接和管理水平，提升通关效率，争取实现与经常贸易国家海关关检互认、信息共享、执法互助，形成一次报关、一次查验、一次放行的通关模式，以节约通关时间、降低通关成本、提升物流运输效率。

（二）加强制度建设

自贸区在国际贸易、对外投资、国际物流和金融开放等方面对地区开放有着显著的示范引领效应，但当前内陆地区各自贸区之间过于强调自身建设发展，相互间合作与协同较少，存在统筹协调不足、无序竞争、协调平台建设滞后等问题。为此，要强化自贸区制度建设，在跨地区投资规则、贸易规则、法治环境和营商环境等领域进一步深化改革，进一步完善并协调内陆地区自贸区制度建设。

1. 加强投资制度建设

在投资规则方面，健全负面清单管理模式。负面清单管理模式是建设高水平投资规则的重点。要在缩减负面清单的同时，构建完整、透明、有效的负面清单管理模式。

2. 深化贸易制度建设

在贸易规则方面，要积极跟进国际标准，在进一步简化贸易环节的基础上提升贸易自由度；积极尝试贸易自由化，对与贸易相关的一系列活动进行研究，归纳总结相关经验，形成相关规则。

3. 加强法治环境和营商环境相关制度建设

在法治环境和营商环境方面，要进一步完善对外经贸事权的赋权并将其与法治建设相衔接，修订自贸区相关法律法规，对标国际标准推进自贸区法治国际化，对包括外资企业、民营企业等在内的所有企业及其经营者实行内外一致的管理原则。在这方面，四川和重庆的经验值得借鉴。

近年来，四川和重庆以打造内陆自贸试验区制度型开放示范标杆为目标，共同建设川渝自贸试验区协同开放示范区，从多层次、多维度纵深推进协同开放；在物流、营商环境、科技创新、金融、法律等方面深化合作，拟定"三张清单"，包括共同争取国家赋能重大事项清单、自主性推进重点事项清单和先期启动早期收获事项清单；立足川渝发展实际，统筹推进流动型开放和制度型开放，在深入推进货物、资金、人才等要素流动型开放，吸引要素集聚、培育发展新动能的同时，稳步推进知识产权保护、竞争中立等制度型开放，实现"边境措施"向"边境后措施"拓展延伸。通过制度创新、信息共享、经验共创、模式共建，阻碍生产要素自由流动的行政壁垒和体制机制障碍逐渐减少，跨行政区域利益共享和成本共担机制不断创新完善，市场更加完善、开放，从而推动区域内制度性交易成本明显降低，两地自贸区制度型开放、高水平开放得到有效推进。

（三）加速推进金融创新

金融开放和金融创新是推动高水平开放的重要内容。针对内陆地区普遍存在的金融工具少、企业融资难、融资资金配比不合理等问题，内陆地区自贸区应加快推进金融创新改革试点，通过金融创新促进金融开放、激发自贸区金融活力，助推自贸区高水平对外开放。

1. 推进经常项目和资本项目融资便利化

提高对外贸易中的资金流动效率，需要推进经常项目和资本项目融资便利化。要进行外汇管理改革，健全外债宏观审慎管理，扩展跨境资金池，探索适合商业保理发展的外汇管理模式，构建大宗商品交易平台等。

2. 大力推进金融创新

要从金融服务于实体经济的目的出发，积极探索自贸区金融创新。自贸区应开展针对具体客户、具体业务的金融创新，尤其要注重能够解决企业融资难问题、降低融资成本的金融创新。

内陆地区自贸区在探索一般性金融创新形式的同时，还应注意推进差异化、特色化金融创新。内陆地区各自贸区要根据各自的功能定位确定金融创新的不同定位和方向，本着金融差异化、特色化发展原则，开展符合自身实际、各有特色的金融创新。

3. 着力推动金融市场发展

要加大对自贸区金融市场的开发力度，推动自贸区金融市场特别是金融创新产品市场进一步发展和完善。一方面，要允许符合金融法规要求的金融创新产品入场交易。另一方面，要探索进一步降低银行准入门槛，对国资银行、外资银行、中外合资银行、民营资本设立的中小银行实行统一标准；降低外资保险公司准入门槛，对外资保险机构与内地保险机构一视同仁；尝试在自贸区内设立专业的金融托管服务机构，引进专门从事境外股权投资的公司和基金。

4. 探索建立面向国际的各类金融交易平台

金融创新、金融产品交易离不开金融交易平台，为此自贸区要推动建立面向国际的各类金融工具交易平台。同时，探索在自贸试验区内设立国际大宗商品交易和资源配置平台，设立面向港澳和国际的新型要素交易平台。

第七章　促进内陆地区高水平开放的制度创新

制度型开放是新时代我国推进对外开放最鲜明的特征之一。从 2020 年 1 月《中华人民共和国外商投资法》及其实施细则施行，到同年 11 月《区域全面经济伙伴关系协定》（RCEP）签署，再到 12 月《中欧全面投资协定》（CAI）签署，这一系列密集的开放制度建设举措表明，我国的"制度型开放"已经从发展战略进入战略实施阶段。

制度型开放是落实新发展理念、建设更高水平开放型经济新体制的重要抓手。推进内陆开放发展、打造内陆开放高地离不开开放制度的长效保障。在 RCEP 背景下谋求内陆地区高水平开放，需要一个与 RCEP 规则相适应、与高水平国际开放规则对接同时又符合内陆地区实际的开放制度。内陆地区开放制度是一个由政策、融资、法治、平台、市场环境、评价体系等构成的完整制度体系。

一、内陆地区开放制度创新的方向

推进内陆地区开放发展的制度创新，需要把握国家对外开放战略的宏观方向，顺应全球经济发展新趋势、新格局，瞄准构建开放型经济新体制的目标，助推内陆地区高水平开放、经济高质量发展。

（一）把握国家对外开放战略的宏观方向

我国的对外开放过程是由东向西依次展开的，首先是在沿海建立经济特区，其次是推进沿边、沿江开放，最后才是推进内陆地区开放。因此，一直以来，内陆地区的开放发展都处于相对滞后的地位。然而近年来，长江经济带、共建"一带一路"倡议和"双循环"新发展格局等为内陆地区的开放发展带来了新机遇。因此，内陆地区推动高水平开放，要主动服务和融入新发展格局，塑造新时代国际竞争和合作新优势。

此外，内陆地区要厚植创新力，把创新作为引领发展的第一动力，以科技创新引领产业发展，着力构建以先进制造业为支撑的现代产业体系，不断提升在全球产业链、价值链上的位置；要加大对各类开放平台的建设力度，并抓住共建"一带一路"倡议等机遇，借助各类开放平台提高内陆地区开放层次，培育优化营商环境，增强其辐射作用，提升其开放能级。中部地区作为内陆腹地，更应发挥产业和交通运输枢纽优势，以中欧班列、西部陆海新通道等大通道和信息高速路为依托，打造国际陆海贸易新通道。

（二）顺应全球经济发展新趋势新格局

2020 年初新型冠状病毒感染疫情暴发以来，世界经济面临严重衰退局面，经济复苏乏力，贸易保护主义、单边主义明显上升，加之部分国家实施制造业"回流"和"脱钩"举措，导致全球经贸摩擦频发，局部冲突和动荡不断，全球性问题加剧，世界进入新的动荡变革期。在这种背景下，区域一体化格局下的贸易合作面临新的变局和机遇。

RCEP 作为目前全球涵盖人口最多、成员国构成最多元、最具发展潜力的区域一体化合作框架，其在促进各成员国产业链和价值链持续优化、为当前低迷的全球经济注入发展新活力，以及在全球范围内推进全面、高质量和互惠的经济合作等方面具有重要作用。近年来，中国积极参与同RCEP 其他成员国经贸的高效沟通合作，推动区域内高水准、全方位的贸易投资便利化合作，与 RCEP 其他成员国的贸易联系不断扩大和加深。数据显示，中国对 RCEP 其他成员国制造业出口额从 2012 年的 5 041.43 亿美元增加到 2018 年的 6 474.09 亿美元，进口额从 2012 年的 5 296.87 亿美元增加到 2018 年的 5 805.62 亿美元。从国内来看，近几年我国经济保持着良好的发展势头，全球贸易投资结构也在不断进行创新改革，中国为世界经济发展做出了重要贡献。2012 年以来，我国国内生产总值占世界经济总量的比重逐年上升，2021 年我国 GDP 达到 17.7 万亿美元，占全球 GDP

的比重达到 18.5%①。在这种情况下，我国提出与其他国家一起构建开放包容的全球经贸治理格局，加强建设多边贸易体制，激发各国进行经贸投资合作的潜力。此外，我国共建"一带一路"倡议在国际上得到极大的认同和支持。内陆地区推动高水平对外开放应该主动遵循包括 RCEP 在内的国际投资贸易新规则，以彰显我国全面深化改革、不断扩大开放的信心。

面对国际国内各种新挑战，只有顺应全球经济发展新趋势，在国际贸易投资规则框架内全面深化改革、不断扩大开放规模、提高开放水平，化被动为主动，才能有效应对挑战，通过高水平开放推动经济高质量发展。

（三）瞄准构建开放型经济新体制的目标

内陆地区的开放水平不仅关系到内陆地区本身的发展，而且在一定程度上决定着我国对外开放的成色，会对我国全方位、多层次和宽领域的对外开放目标的实现产生直接影响。现阶段的中国处在全面深化改革和提高对外开放水平的关键时期，需要充分利用好内陆地区地域宽广、产业基础良好且劳动力等要素资源丰富的优势，将成渝城市群、长江中游城市群等作为重点，着力提高资源配置、要素流动、市场融合以及产业发展水平，让内陆地区的巨大发展潜力和强大动能得到有效激发。因此，内陆省份要牢牢把握新时代的新使命，主动融入各项国家战略，在推进自身经济发展的过程中提高自身开放水平②。

一要坚持全面深化改革，在重要领域和关键环节积极推行穿透力强、牵引力大和精准度高的政策措施，以达到"牵一发而动全身"的目的。

二要充分发挥各个内陆自贸区的重要作用，突出制度创新，在建立开放型经济体制与发展模式和优化营商环境等方面先试先行，挖掘潜力。

三要提高开放的层次，扩大开放的范围，积极抓住共建"一带一路"倡议、新时代西部大开发形成新格局和"双循环"新发展格局等机遇，发挥内陆地区的通道优势、商贸优势、产业优势和人文优势，积极与"一带一路"共建国家等开展贸易往来，推动我国加快形成陆海内外联动、东西双向互济的开放格局。

---

① 北青网. 国家统计局：2021 年我国 GDP 达 17.7 万亿美元，占世界比重达 18.5%［EB/OL］.（2022-10-06）［2023-11-30］. https://baijiahao.baidu.com/s？id＝1745906275364550023&wfr＝spider&for＝pc.

② 本报评论员. 加快打造内陆改革开放高地［N］. 经济日报，2020-04-26（1）.

（四）助推内陆地区经济高质量发展

长期以来，中西部地区在区域开放联动、协调发展、产业梯度转移等方面发挥着桥梁纽带作用，是促进资本、人才、技术、信息等要素自由流动、合理配置的关键环节。在当前"双循环"新发展格局下，我国内陆地区特别是中西部内陆地区是国内大循环的重要支点，在国内国际双循环过程中发挥着重要的战略链接作用，使命重大、意义非凡，因而迎来了前所未有的发展机遇。

从全国的发展规划来看，"十四五"时期，我国要积极提升贸易和投资的便利化、自由化水平，持续推进商品和要素的流动型开放，大力探索推进规则、标准等制度型开放，从而全面提升对外开放能级和水平。广大内陆地区作为全国大市场的重要组成部分和空间枢纽，要适应新形势、新任务、新要求，找准定位，最大限度发挥自身的比较优势，在一步步探索与实践的过程中逐渐形成内陆开放型经济新体制，以提升开放水平，促进高质量发展。

二、内陆地区开放制度创新的主要举措

为推动内陆地区开放发展进行制度创新，需要推进制度型开放，实现高水平对外开放；确立开放型经济新理念，完善开放发展机制；深化财税金融体制改革；着力推进投融资体制改革；着力推动贸易便利化；营造良好的营商环境；推进科技和人才制度创新；建立完善制度协同联动机制。

（一）推进制度型开放，实现高水平对外开放

制度型开放既是高水平开放的保证，也是高水平开放的重要内容。推进制度型开放需要着重做好两方面的工作。

1. 对标国际先进规则

新时代的开放是高水平对外开放，推进高水平对外开放必须对标国际通行的先进规则，从规则、规制、管理、标准等方面着手，多方面推进制度型开放。

首先，要建立健全市场准入管理模式，使其更加透明、开放，进一步

推动外商投资准入前国民待遇加负面清单管理制度落地落实。其次，要完善公平竞争的法治环境，尤其在竞争中立、劳工标准、环保标准、政府采购、知识产权等方面要与国际先进规则对接。再次，要建立公开、统一、透明、稳定的规则体系，重点解决规则、规制不兼容甚至相互冲突、互为前置条件、缺乏必要稳定性等问题，让企业家有明确稳定的心理预期；要建立健全产品、技术、管理的标准互认体系，以降低市场的不确定性，降低交易成本。最后，为了促进市场环境的公平、统一与高效，内陆省份要坚持比照国际标准和水平，全力打造便利化、法治化和国际化的一流营商环境，使营商环境更具国际竞争力。

各地的自贸区建设既涉及关税、非关税、投资准入等边境举措，也涉及准入后制度、政策、法律体系等边境后环境，应充分借鉴世界自由贸易港（区）及国内其他自由贸易试验区的成功模式与可行经验，在对标国际通行先进规则的同时，注重发挥我国特别是内陆地区独有的制度优势，以充分释放制度红利，强化制度的国际竞争力。

2. 紧抓技术创新关键

技术创新与制度创新往往具有共生性，各内陆地区的自贸区建设应抓住技术创新这一关键，发挥技术创新的重要杠杆作用，注重以新技术应用撬动制度创新，强化技术创新和制度创新的互促效应，通过技术创新促进制度创新水平提高。

一是通过大数据、云计算与智慧城市建设，推进数据标准化、简化、协同和共享，实行市场监管、商务、外汇年报"多报合一"，实现信息互换、监管互认、执法互助。

二是通过完善"互联网+政务服务"系统，依托现代信息技术深化"一件事一次办"改革，促进政务办事流程进一步优化和政府公职人员服务行为规范化。

三是通过提升5G、人工智能等新技术的应用水平，全面推行无纸化通关及通关一体化，显著提高贸易便利化水平。

四是通过大数据分析等现代科技手段提高金融服务便利化水平，同时建立高效精准的金融监管、金融风险防控体系。

各内陆自贸区在建设发展过程中应将管理体制改革与运行机制创新寓于现代信息技术的应用过程之中，做到技术创新与制度创新双管齐下，促进两者耦合，形成"化学"反应，以此降低制度性成本与交易费用，进而形成吸引外商投资企业、集聚高端生产要素、扩大进出口贸易的竞争新优势。

（二）确立开放型经济新理念，完善开放发展机制

开放发展需要有与之相应的发展机制，内陆地区推进高水平开放，需要在开放型经济新理念的引领下进一步完善开放发展机制。

1. 统筹规划开放型经济发展

内陆地区完善开放发展机制，需要确立开放型经济发展新理念，做好开放型经济发展的统筹规划。

首先，内陆省份要树立系统化思想，着眼经济发展全局，抓住并利用好发展机遇与比较优势，补齐自身开放短板，着力提升开放水平。其次，要打破封闭、僵化的观念，拓宽视野，充分挖掘并借鉴沿海地区发展开放型经济的经验与模式，为自身的开放型经济发展提供指引和参考。最后，内陆省份还需要抓住自贸区这一开放发展的"排头兵"和"试验田"，将开放发展规划与自贸区发展规划进行对接，促进发展思维、发展规划的创新与转变。

2. 进一步完善开放型经济发展机制

完善的开放型经济发展机制是提升内陆地区开放水平的内生动力，为此，内陆省份首先要推动自身开放型经济发展从政策型开放向制度型开放转变，通过有效的发展机制积极对接国际市场。其次，要充分把握经济全球化发展趋势，加强与国际市场的交流与联系，推进国际经贸合作，以国际先进规则为标准，对自身开放发展体制机制进行完善与创新。最后，要强化政策保障机制，完善区域协同开放机制，建立现代化市场机制和多元投资机制，提高利用外资水平。

（三）深化财税金融体制改革

财税金融体制是经济制度的重要组成部分，推进内陆地区开放发展、实现高水平开放，需要深化财税金融体制改革。财税金融体制涉及面广、内容较多，深化内陆地区财税金融体制改革需要做好多方面的工作。

1. 积极推进财税体制改革

内陆地区推进财税体制改革涉及多方面的工作，需要从多方面发力。

一是持续加大公共财政投入，统筹公共财政资金、资产、资源，加快

建设和完善承东启西、牵南引北、通江达海的开放通道体系，提升开放平台能级，完善开放口岸功能。在这方面，要充分用好共建"一带一路"倡议、长江经济带等发展机遇，向中央以及内陆省份自身争取对中欧班列、开通国际航线等战略通道的资金和政策支持，加大对社会资本的引入力度，拓宽开放通道、开放平台等建设资金投入渠道。

二是发挥财政资金和政策的激励引导作用。在融资担保等方面进一步丰富政策工具，支持企业开拓"一带一路"沿线国际市场，提高开放型经济发展的质量和效果。以财政资金为杠杆，推动国有企业和社会资本等积极参与开放平台基础设施建设，同时对激励性财税制度进行完善，提升各省份的开放合作园区入驻企业在国际贸易中的竞争力。

三是积极营造有利于开放的财税环境。要进一步落实出口退税、加工贸易保税和海关特殊区域财税优惠等政策举措，为内陆省份的对外贸易、外资引进、"走出去"投资经营等对外交流活动提供支持。

2. 扎实做好金融基础性工作

金融基础性工作内容较多，做好金融基础性工作需要从多方面着手。

一是完善金融机构体系，壮大金融机构规模。内陆省份要鼓励银行、证券、保险等金融机构设立分支机构或营业部；支持和鼓励城市及农村商业银行与村镇银行等地方性金融机构的发展；提倡各类资本设立地方法人金融机构；支持会计师事务所和保险代理机构等中介服务机构的发展，以提升金融产业发展水平。

二是强化金融市场功能，增强金融市场活力。采用财政引导、税收优惠和专项奖励等各种方式加大对实力强的企业挂牌上市的支持力度；鼓励金融机构针对中小微企业、"三农"领域等进行产品研发，以满足中小微企业以及涉农领域的融资需求；通过政府引导与市场运作相结合的方式，鼓励各金融机构采取多种形式加大对重点民生领域的资金支持。

三是以"精准金融"为抓手，提升金融服务实体经济的能力。要丰富和完善资金跨境流通工具，提供多种类型的跨境金融服务，为内陆地区实体企业提供境外融资支持；加大证券市场等对实体企业的上市服务力度，建立多元化融资渠道，促进实体企业上市融资，实现以"精准金融"带动产业升级和经济转型。

四是完善金融生态环境，提升金融生态质量。在这方面，要建立健全信用信息共享平台和金融数据库，完善企业尤其是中小微企业的信用评级体系，降低金融交易成本，为金融效率评估和监管提供支持；加大对金融机构从业人员的培训力度，加强金融监管部门与行政执法部门的合作与对接，保障机构和用户的合法权益。

五是重视金融监管协调，保障金融体系安全。要健全和完善金融监管协调机制与金融机构分类监管机制，加强对金融风险的识别、评估与防范，加大对跨境资金的风险监管力度，切实做好反洗钱和反非法融资工作；建立健全合理规范的风险评价体系，加大对金融资金的事中和事后管理力度①。

六是健全金融人才机制，推动金融人才集聚。要建立和完善高精尖人才绿色通道和灵活流动机制，加大对优秀金融人才的吸引力度；推动高校和科研机构与金融培训机构共同建立金融后备人才培养机制，加强对优秀金融人才的培养与储备；完善金融人才的常态化交流机制，搭建沟通交流平台，促进金融人才持续化交流与合理流动。

3. 积极打造以金融科技为亮点的金融创新高地

云计算、大数据、人工智能、区块链等新科技重塑了传统金融业态的业务模式和竞争格局，金融科技日益成为金融业竞争高地。运用金融科技的好处在于可以使金融活动数字化并可监测、可追溯，从而大大降低金融监管的难度，有利于内陆地区开展金融监管合作，推动金融创新。为此，内陆地区要积极打造以金融科技为亮点的金融创新高地以推动金融创新。

一是建立高效率的跨境数字金融服务体系。内陆地区可在建立完善各中小企业融资创新服务平台的基础上，研究内陆省份之间、内陆省份与沿海省份之间的金融信息互联互通机制，把跨境贸易融资作为关键点，积极推动物流、海关和资金等方面的信息交叉验证；同时努力建设区块链贸易融资平台，提升为中小企业提供便捷金融服务的能力和水平②。

二是发展金融智能制造产业。目前，部分内陆省份在金融科技发展方面具有相对优势，在美国对中国开展科技战的背景下，必须要实现中国金融交易系统、金融机构数据库和经营系统底层硬件和技术的国产化，最大限度保障国家金融安全。华为、广电运通等 ICT 企业已经在芯片、服务器、客户终端等领域取得技术突破，在此基础上，内陆地区应通过财政、金融等手段支持金融智能制造领域相关企业和科研单位加大科技创新力度，推

---

① 石建勋. 守住不发生系统性金融风险的底线 [N]. 经济日报，2019-05-17 (15).
② 何晓军. 数据治理强化地方金融服务与监管 [J]. 中国金融，2020 (21)：46-48.

动金融科技创新取得新进展、新突破。

三是以数字货币为契机输出金融科技服务。目前，广大发展中国家仍有大量人口因没有银行账号而不能享受金融服务，Facebook 提出组建 Libra 数字货币联盟，可以在一定程度上解决该问题。这启发我们可以通过输出金融科技来解决"一带一路"共建国家的基础金融服务问题。在这方面可以借鉴 Libra 的思路在内陆地区开展探索性研究，帮助金融基础设施不完善、金融体系不发达的国家制定金融服务解决方案并提供相应的金融服务，以增强我国在国际上的金融影响力。

四是探索建立跨境金融监管的"电子围栏"。要加快金融基础设施和金融监管信息的互联互通，通过物联网、区块链、跨境第三方支付等手段，在关境管理、跨境资金流动监管方面探索有效的信息化监管方式，推动内陆省份人流、物流、信息流和资金流的畅通融合。

（四）着力推进投融资体制改革

投融资体制状况对投资融资发展具有直接影响，推进内陆开放型经济发展、提升内陆地区开放发展水平，需要进一步改革投融资体制，完善投融资制度。

1. 加快推动"三个清单"制度实施

由负面清单制度、权力清单制度和投资项目管理责任清单制度构成的"三个清单"制度是施行投融资体制改革的重要内容，内陆地区要加快推进"三个清单"制度在企业投资项目管理中的实施。

一是加快实施负面清单制度。内陆省份要按照国家公布的政府核准的投资项目目录，及时对自身的投资项目目录进行修订并公布，对目录范围以外的项目采用备案制①。二是加快实施权力清单制度。通过清单的形式，将各级政府有关部门对企业投资项目的管理职权进行公示，发挥群众监督作用，规范政府职权的行使。三是加快实施企业投资项目管理责任清单制度。内陆省份要明确各级政府各有关部门企业投资项目管理职权对应的责任事项，明确责任主体，建立健全问责机制②。

2. 优化企业投资项目管理流程

优化企业投资项目管理流程，需要对实行备案制与核准制的不同投资

---

① 详情参见《大连市深化投融资体制改革实施方案》（大委发〔2018〕16 号）。
② 任进. 关于政府权责清单、负面清单制度若干问题 [J]. 团结，2016（3）：8-12.

项目进行分类，并对其管理流程进行精简；同时，相关部门要按照并联办理和联合评审的要求，协同下放审批权限，依托投资项目在线审批监管平台，将项目前期工作多项评估由"串联"改为"并联"，提高行政服务效能。

在项目验收阶段，推行由投资项目核准、备案机关牵头开展联合验收，由牵头部门受理项目竣工联合验收申请并组织各单项验收部门（单位）进行集中初审、同步验收，各部门（单位）按要求在规定时限内完成单项验收，验收结果由牵头部门统一送达项目单位。

同时，积极探索建立投资项目审批涉及的技术性审查等工作逐步交由具备相应资质的中介机构承担的工作机制。依托大数据建立中介服务需求信息发布平台和中介服务机构信息库，在平台内实时发布投资项目的中介服务需求，在库内实现中介机构基本信息公开、服务业绩公开、客户评价公开、服务价格公开、违规违纪情况公开，促进中介机构服务质量提高。各类投资中介服务机构要坚持诚信原则，加强自我约束，增强服务意识和社会责任意识。相关管理部门要加强监管，严厉查处违规收费、出具虚假证明或报告、谋取不正当利益、扰乱市场秩序等违法违规行为，以规范投资项目中介服务，优化中介服务环境。

3. 加大民间投资开放力度

内陆地区要支持并引导民间资本进入农业水利、能源设施、社会事业和生态环保等重点领域；强化对民间资本的同等对待工作，严格执行政府采购有关制度和规定，营造权利平等、机会平等、规则平等的民间投资环境；支持非公有制企业采取多种方式参与国有企业的改制重组和国有控股上市公司的增资扩股与经营管理①。

4. 推进外商投资管理方式改革

推进外商投资管理方式改革，可以参照上海自贸试验区可复制、可推广的经验，积极探索对外商投资实行准入前国民待遇加负面清单的管理模式。对国家明确规定范围外的外商投资项目审批权限予以下放，实施外商投资企业设立申请"一窗受理"制度②，全面落实外商投资企业各项优惠政策，加强对外商投资的全程监管，创新与外商投资合作的方式。

① 周丽莎，张佳慧. 混合所有制改革推升投资发展新活力 [J]. 中国投资，2017（5）：73-74.
② 贵阳日报. 改革开放40年来，贵州逐步走向开放前沿[EB/OL].（2018-12-29）[2023-11-30].https://epaper.gywb.cn/epaper/gyrb/html/2018-12/29/content_20048.htm.

同时，以维护国家安全为前提，以做好风险评估为基础，分层次、有重点地逐步放开对服务业和制造业领域有关产业的外资准入限制，同时注重对投资管理体制改革带来的利益和风险等进行衡量与评估。

（五）着力推动贸易便利化

贸易便利化是发展对外贸易的必然要求，针对内陆地区贸易制度现状，推进内陆开放型经济发展，促进内陆地区高水平、高质量开放，需要深化内陆地区外贸制度改革，进一步提高其贸易便利化水平。

1. 建设国际贸易"单一窗口"

对退税、商务、报关报检和外汇结算等各类对外贸易相关事项进行整合与统一，建设国际贸易"单一窗口"，全面推广"自主申报、自行纳税"等海关制度；加强各内陆省份之间、内陆省份与沿海省份之间自由贸易试验区的合作，推进相互间实现监管互认、信息互换和执法互助，切实提升自身贸易便利化水平。

2. 促进"关港贸"高效集成，提升货物贸易全链条效率

内陆地区应在口岸通关、港口物流和贸易服务三大关键环节进行制度创新，提高各自效率及其整体协同效率。

在口岸通关方面，主要面向关税征管、费用减免、通过手续和通过查验等重点领域，进一步加大对"零费用"口岸、"三个一"①、汇总征税和货物状态分类监管等制度的建设力度，并针对现实中与"一带一路"共建国家、RCEP贸易伙伴国等重要贸易伙伴开展货物贸易遇到的制度障碍进行制度创新，化解相应的制度障碍。

在港口物流方面，主要对作业效率、服务能力、航运物流和信息化管理等领域进行深入改革。

在贸易服务方面，主要对航运金融服务和物流供应链服务等领域进行整合创新，积极搭建航运物流交易平台。

从三大环节的整体协同来看，要以海关商检海事内部系统、港口信息化系统和国际贸易"单一窗口"为基础，以多方协同服务平台为载体，积极对港口物流和口岸查验通关等信息资源进行高效整合，努力形成货物运

---

① "三个一"是指在口岸通关领域中实施的一种便利化措施，具体包括一次申报、一次查验、一次放行。这一措施旨在简化通关流程，提高通关效率，降低企业通关成本，优化口岸营商环境。

输全链条信息通路，提升货物贸易效率和水平；同时，要搭建进出口贸易综合服务平台，为进出口贸易企业提供规则咨询、流程代办等业务的"保姆式"服务，最大限度为其提供便捷服务。

3. 创新海关监管和检验检疫制度

要在内陆省份的海关特殊监管区域推行"简化无纸通关随附单证制度""智能化卡口验证制度""批次进出集中申报制度""保税展示交易制度""境内外维修制度""集中汇总征税制度""简化统一进出境备案清单制度""引入中介机构辅助开展保税核查、保税核销和企业稽查工作""企业信用信息公示制度""国际海关 AEO 互认合作制度"等，并逐步在各地全面推开。对管理规范、资信良好且符合海关监管要求的企业，可以尝试对其实行自动备案、自核单耗和自主核报制度，以促进其贸易效率有效提升①。此外，进一步复制、推广、采信第三方检验检测认证结果，创新原产地签证管理模式等上海自贸区检验检疫改革试点经验制度，提高贸易品检验检疫效果和效率。

4. 提高通关便利化水平

一方面，加强内陆开放口岸的基础设施建设并着力提高建设水平、完善口岸功能，构建内陆铁路口岸、航空口岸等各类对外口岸的智能化通关环境，整合口岸资源，实现口岸设施设备的共建、共用和共享。

另一方面，加大对海关特殊监管区域"一线放开、二线管住"的贸易便利化改革力度，提高人员跨境流动便利化水平；建立国际邮件互换局，提升国际通信服务水平；健全综合保税区口岸作业区功能，为国际展品、艺术品、电子商务进出口商品等提供通关便利。

（六）营造良好的营商环境

良好的营商环境能对资本、人才和产业等产生强大的吸引力。内陆地区在开放发展中要有效获取开放红利与制度红利，必须全面深化行政体制改革，加快完善市场体制机制，着力构建现代市场体系，致力于打造法治化、国际化、便利化的一流营商环境，并将其转化为提升国际竞争优势，促进经济开放发展、高质量发展的不竭动能。

---

① 绪宗刚. 推动形成贵州全面开放新格局 [N]. 贵州日报，2018-04-03（10）.

1. 营造透明高效的政务环境

政务环境是营商环境的重要内容之一，内陆地区营造良好的营商环境首先需要打造透明高效的政务环境。

（1）促进政府职能转变创新

要积极主动对标国际规则和国家战略，加大对各个领域信息化服务平台的建设力度，提升信息化服务水平，提高政府的资源整合能力。同时，要以"放管服"改革为核心，推进政府主动服务型制度体系建设。在"放"方面，进一步推进"证照分离""最多跑一次"和"行政许可确认制"等制度创新，政府部门主动"放"、主动"减"，进一步下放管理权限，减少管理审批事项，精简办事流程。在"管"方面，进一步加大对信用监管、集成化监管和信息化监管等领域的改革力度，努力建成公正、简洁的监管体制机制。在"服"方面，进一步对服务功能集成服务和细分领域差异化服务等进行优化、完善，全面提升企业和群众对营商环境体验的满意度。

（2）进一步优化行政管理职能

一是将优化营商环境目标转化为对各级政府部门的考核指标。在这方面，内陆地区可以借鉴北京、上海和广州等地区的标准和经验，构建评估营商环境的具体指标并将其纳入年度考核，同时还可以在各省份之间开展竞赛，推动营商环境优化。

二是将对各级政府的考核指标转化为公职人员的行为规范。要将有关营商环境的具体考核指标分解到部门，再由部门分解到个人，根据考核要求制定公职人员行为规范，并将这些行为规范告知社会各界，让公职人员接受社会监督，确保权力在阳光下运行，使"放管服"改革能够全面落地落实。

三是使行为规范与政绩考核转化为公职人员的行为自觉。优化营商环境是一项长期任务，只有严格规范公职人员行为、强化政府部门政绩考核，外部约束才会逐渐转化为内在自觉，人们的思想观念才能随之发生深刻转变，营商环境才能实现持续优化。

（3）着力提升政务服务水平

提升政务服务水平，需要内陆省份依托大数据等现代信息技术，建立覆盖各级政府部门与各类投资项目的"项目云"数据库，使各项目之间实现信息共享，从而有效提升政府服务效率。

同时，建立投资项目审批首问责任制，创建"双随机、一公开"项目监管新模式，深化内陆地区综合执法体制机制改革，为企业的经营管理保驾护航。要建立和完善政府守信践诺机制，各级政府对依法做出的政策承诺和签订的各类合同要认真兑现和履约，将政务履约和践诺情况纳入政府绩效考评指标体系。探索开展地方政府信用评价和结果应用，推动政务诚信发展，打造诚实守信的政务投资环境。

2. 营造平等竞争的市场环境

市场环境好坏直接关系到营商环境优劣，内陆地区营造良好的营商环境迫切需要营造平等竞争的市场环境。

(1) 建立统一开放的市场体系

一方面，要对阻碍建立统一市场和公平竞争环境的规定和做法进行废除和清理，规范政府定价程序，实施定价项目清单制，加强信息公开。另一方面，要完善市场价格监管体系与行为准则，加强反垄断的执法力度，保障竞争政策的基础地位不动摇。此外，要组织专门的服务企业工作队，探索试行并在试点成功的基础上逐步推广企业"网格员"制度，通过对服务企业的全覆盖与网格化，有力打通政策落细落实的"最后一公里"，为企业发展壮大提供有力支撑①。

(2) 加强社会信用体系建设

要进一步完善社会诚信建设方案，建立健全守信联合激励与失信联合惩戒制度②。强化涉企信用信息归集和共享，制定出台规范涉企信息归集共享与协同监管工作的相关制度。加快信用信息平台、国家企业信用信息公示系统向金融机构、企业和社会组织等开放信用数据。建立社会信用基础数据库，完善数据库服务功能、监管功能及其安全管理，构建安全、便利的信用服务环境。

(3) 建立健全市场监督制度

要完善企业信息公示和公示信息抽查制度，充分发挥各行业协会、商会的积极作用，鼓励其制定行业规定、标准和规则。在维护投资人权益和鉴证市场主体财务状况等方面，充分发挥公证机构、会计师事务所以及律

---

① 李雪松，龚晓倩. 打造湖北自贸区升级版建设内陆对外开放新高地［J］. 决策与信息，2020（8）：80-88.

② 详情参见《国务院关于建立完善守信联合激励和失信联合惩戒制度加快推进社会诚信建设的指导意见》（国发〔2016〕33 号）。

师事务所等相关专业服务机构的监督作用。鼓励各监管执法机构进行信息公开，构建公众监督与媒体监督相结合的监督机制，切实保障公众的知情权和参与权；发挥新闻媒体的作用，强化舆论监督。

（4）加大知识产权保护力度

要加大对技术和知识产权交易平台的建设力度，提高对跨境贸易、加工转运、优势产业、口岸通关及电子商务等领域的知识产权保护监管水平与行政执法力度。健全知识产权保护机制，坚决打击进出口货物知识产权侵权行为。对知识产权犯罪案件进行严格执法，对重点案件进行挂牌督办，提高知识产权保护的执法能力和水平，构建良好的创新环境。稳步推进侵犯知识产权行政处罚案件信息公开，并逐步探索将其与信用评级挂钩，提升知识产权保护社会信用水平。

3. 营造公平公正的法治环境

中国特色社会主义市场经济是法治经济，法治经济离不开良好的法治环境。法治环境的好坏关系着营商环境的优劣，内陆地区营造良好营商环境的一个重要内容就是要营造公平公正的法治环境。

（1）建立健全地方性法规

健全的法律法规是构建公平公正的法治环境的基础，内陆地区营造公平公正的法治环境首先要建立健全地方性法规。要对现有阻碍公平法治环境建设或不适应内陆开放型经济发展的地方性法规、规章和制度进行清理、修改或废除。将所有的规范性文件都纳入备案审查范围，将试点成功的改革措施适时上升为地方性法规或政府规章。

同时，注重对新制定的有关地方政府规章和规范性文件在预留合理期限内向社会广泛征求意见建议，为尽快形成符合内陆地区开放发展要求的公平公正法治环境奠定法规基础。

（2）大力营造公正的司法环境

司法是法治的重要环节，内陆地区营造公平公正的法治环境必须构建公正的司法环境。为此，要进一步加大司法体制改革力度，探索建立跨行政区划的人民法院与法庭，健全司法职权运行机制，推进公安、检察、审批和司法等行政机关各司其职、相互协作、互相制约。同时，严格实行错案责任倒查问责制和办案质量终身责任制度，深化诉讼制度改革，完善"三段式"监管方式，着力提高司法的公信力、公正度和便民度。

（3）构建健全的法律服务体系

法律服务是法治环境的构成内容，内陆地区打造公平公正的法治环境需要构建完善的法律服务体系。要大力推进法律服务业的发展和公共法律服务体系建设，建立健全统一规范、监管有力和运行高效的司法鉴定管理体制。同时，优化律师和公证人员等法律服务业从业人员的执业环境，维护其应有权益，规范其执业行为，通过内在激励与外在约束的结合提升其公正司法的能力与水平。

（4）强化行政执法和司法监督

行政执法和司法监督状况的好坏是衡量法治环境优劣的重要方面，内陆地区优化法治环境需要强化行政执法和司法监督。要完善各级政府权力清单制度，公开其权力运行流程，同时发挥公众、媒体等的监督作用，加强对行政权力及其运行的监督①。

同时，健全政府法律顾问制度，严格执行重大决策终身追责制与责任倒查制，加大对执法人员的制约力度。此外，严格执行国家法律法规，推进严格司法，加大对各类扰乱经济社会秩序等违法犯罪行为的打击力度，保护各类所有制经济主体的合法权益，保障经济社会繁荣发展。另外，将营造公平公正的法治环境纳入对各级政府的日常督导审查范围，严格执行对政法机关办案的"五个严禁"制度，加强对相关人员执法、司法情况的监管与督促。

（七）推进科技和人才制度创新

内陆地区的开放发展，要从制度层面着力推动创新驱动发展，强化科技创新支撑引领；同时，要进一步推进人力资源领域的制度改革和创新，强化开放发展的人才支撑。

1. 大力推进科技制度创新

科技创新要与国外科技创新体制机制接轨，积极吸引境外科技创新资源落户内陆省份特别是内陆自贸试验区。同时，注重在知识产权保护和市场规则建立等方面加强与国际通行规则的对接，如在科技成果转化、科研经费使用和科技人员自由流动等方面；积极探索自贸试验区与国际规则和做法相衔接的制度、机制，如探索自贸试验区内科研机构打破编制局限、

---

① 详情参见《辽宁省权责清单管理办法》（辽政发〔2016〕73号）。

实行聘用制等做法。应进一步探索以科技企业为主体的市场化、国际化的运行机制。探索针对科技创新企业的优惠政策措施，培育和提升本土科技创新企业的基础研究能力，如在自由贸易试验区内，可对注册和实际运营的科技型企业实行所得税优惠，并在科研经费加计扣除等方面出台数量更多、力度更大的优惠措施，促进相关产业在自由贸易试验区内集聚发展。

2. 积极推进人才制度创新

要对人才管理制定合理的政策，对人才进行一定的奖励并且对企业也要建立奖励机制，鼓励企业将人才送去学习进修，以提高企业内部员工的素质。

首先，可以像针对人才引进的人才引荐奖与伯乐奖那样对企业设置一些类似奖励，如给予一定程度的人才进修补贴资金，以激发企业对人才培养的热情，鼓励企业加大对人才的培养与引进力度。

其次，内陆省份要根据各自的特点以及资源特色，从不同地区引进不同类型的人才，包括境外人才与境内人才。通过人才聚集为提高产业发展能力和水平弥补人才不足的短板。

最后，创新并完善针对人才的福利待遇制度以招引人才。对境内人才可以提高福利待遇，让其愿意留在内陆地区发展；对境外人才，应着力加强子女教育、医疗、住房等方面的保障，提高其对内陆地区的认同感、依赖感。在引进境外人才后，要对其生活需求多加关注，帮助其适应内陆地区的生活习惯、工作习惯以及市场经济发展状况，增强各类人才对企业理念的认同感，以更好地促进企业创新发展。

（八）建立完善制度协同联动机制

对开放发展方面区位条件相同、发展情况相似的内陆省份而言，推进制度型开放、谋求开放型经济发展，需要打破行政区划限制，形成内陆省份之间以及内陆省份与国内其他省份之间协调合作的发展格局，为此要逐步健全内陆省份之间制度的协同联动机制。

1. 完善联席会议制度

在内陆地区探索开放型经济新体制的制度创新过程中，要进一步对相关领导、协调机构的运行机制进行明晰与规范。在这方面可以建立联席会议制度，在相关领导小组统一协调下定期召开联席会议，有效推动制度协调协同工作的开展。

2. 建立制度共享机制

内陆地区制度共享机制主要包括三个方面的内容。第一，内陆地区可以将各自的制度创新成果在其他区域进行共享与推广。第二，内陆地区可以参考借鉴国内其他地区的制度创新经验，结合自身实际情况将国内其他地区的制度创新经验在内陆地区加以推广。第三，内陆省份还可以尝试借鉴全国其他自创区、自贸区、综试区等的制度创新经验，并在试行基础上将符合各地发展实际的制度创新举措加以进一步推广。

3. 畅通政企会商渠道

内陆地区可以尝试建立企业与各级政府之间的会商机制，通过政企会商解决企业尤其是中小微企业遇到问题无法及时向政府反映的难题。政企会商机制要纳入发改、商务、市场监管、消防、卫生等相关政府部门参与会商和沟通，以降低政企沟通协调成本，畅通企业与政府有关部门的沟通渠道，切实帮助企业解决实际困难，推动企业创新发展、开放发展。

第八章　川渝地区打造内陆开放高地的对策建议

四川、重庆两个省份是典型的内陆省份，在我国内陆地区具有典型意义，而且在 RCEP 视域中，四川、重庆在与 RCEP 其他成员国合作发展方面具有重要的地位和作用。为此，本章运用前文 RCEP 视野下内陆开放理论与实践探索结果，根据四川、重庆这两个典型的内陆省份的实际，提出推进川渝地区进一步扩大开放、加速打造内陆开放高地、推进川渝高水平开放的具有针对性、可行性的对策建议。

一、四川——深化四向拓展，打造内陆开放战略高地

推进四川开放发展，打造内陆开放战略高地，需要深化四向拓展，加快形成全域开放格局，打造高能级对外开放平台，并注重强化对共建"一带一路"倡议的支撑。

（一）加快形成全域开放格局

加快形成四向拓展、全域开放的对外开放新格局，是新时代四川开放发展的战略谋划，也是四川深化改革开放、推进高水平开放的战略布局。为推进新时代四川开放发展，需要加快形成四向拓展、全域开放新格局。

1. 以南向为重点，进一步融入东南亚、南亚国际市场

RCEP 的签署和生效运转，为四川扩大南向开放带来前所未有的重要机遇，四川应紧抓 RCEP 签署生效的有利时机，以南向开放为重点，全面深化与东南亚、南亚国家和地区的经贸合作。

一是加强与渝滇黔和北部湾经济区等区域的合作，协同推进西部陆海

新通道建设，与21世纪海上丝绸之路、孟中印缅经济走廊和中国—中南半岛经济走廊进行全面对接。二是深度对接粤港澳大湾区，拓展泛珠三角区域合作，深化川港、川澳合作会议机制，共同开拓南向国际市场。三是主动参与中国—东盟框架合作，全面融入RCEP造就的区域性国际大市场，扩大与东南亚和南亚国家的经贸合作。四是积极拓展电力能源、交通运输、化工建材等优势领域的国际工程承包市场，稳妥有序推动冶金建材、机械装备、医药化工、特色农业等行业的优势企业"走出去"，到东南亚、南亚地区开展跨国投资经营。

2. 推进西向，深度融入新亚欧大陆桥经济走廊

四川要加强与我国西北沿边地区联动，强化西向"空中走廊"和中欧班列（成都）战略支撑。要积极融入中国—欧盟、中国—中东欧国家合作机制，以中欧班列（成都）为纽带深化四川与波兰、荷兰、德国等欧洲国家的合作，推动成都与法兰克福、阿姆斯特丹等城市互为亚欧航线合作重要节点城市，扩大与欧洲国家在生物医药、精密机械、航空制造、文化创意等领域的高层次、高水平合作。支持省内企业参与中巴经济走廊的能源、交通等项目建设，推进与以色列共建联合实验室及技术转移中心，拓展与哈萨克斯坦、白俄罗斯和非洲国家的经贸交流与合作。

3. 提升东向，全面融入长江经济带发展

四川要依托长江黄金水道和沿江铁路，构建通江达海、首尾互动的东向国际开放大通道，主动对接长三角一体化发展，积极融入亚太经济圈。同时，着力提升川渝合作层次和水平，共同打造内陆开放高地和开发开放枢纽，引领带动西部地区更高水平开放。积极承接长三角地区产业转移，加强成都与上海资本市场融通发展，主动推进成德绵创新带与长三角G60科创走廊协同联动。加强与沿江港口、口岸的合作，加密蓉甬、蓉沪等铁海联运班列，推进枢纽互通、江海联通，扩大与日韩和美洲地区的经贸投资合作。

4. 扩大北向，积极融入中蒙俄经济走廊

四川要进一步扩大与我国东北、华北以及关中平原等地区的交流与合作，主动加入中蒙俄经济走廊建设。积极对接京津冀协同发展战略，着力推动天府新区与雄安新区建立常态化的合作交流机制。积极对接跨境经济合作试验区，鼓励有条件的企业参与"冰上丝绸之路"合作。依托东方经济论坛等重大平台和中俄"两河流域"地区合作机制，支持企业参与伏尔

加河中上游地区的经贸投资合作。着力提升经蒙古国至俄罗斯的中欧班列的效能，打造木材、汽车等大宗商品贸易高效通道。

（二）打造高能级对外开放平台

作为开放发展的重要载体，开放平台建设对开放发展至关重要。推动四川建设内陆开放高地、推进四川高水平开放，需要着力打造高能级的对外开放平台。

1. 高标准、高质量推进中国（四川）自由贸易试验区建设

要深入实施自由贸易试验区引领性工程，在自贸区统筹推进双向投资管理、贸易便利化、金融开放创新、区域协同开放、现代政府治理等制度体系创新。加大赋能放权力度，有序推进省级管理权限下放，高质量建设自由贸易试验区协同改革先行区。扎实推动川渝自由贸易试验区协同开放示范区建设，积极向国家争取更大的改革自主权，对有利于提高跨境贸易便利化水平的外汇管理政策先试先行，积极探索新思路、新举措。

2. 着力提升开放口岸能级

要持续深入推进机场、铁路和港口口岸开放，着力建设内陆开放口岸高地，具体包括提升成都双流国际机场、成都天府国际机场和九寨黄龙机场的口岸能级，争取在符合条件的地区布局更多航空口岸。

支持成都国际铁路港、泸州港、宜宾港拓展口岸功能，创建更多进境产品指定监管场地。进一步深化国际贸易"单一窗口"的建设和应用，促进其向贸易和物流全链条延伸，提升跨境贸易便利化水平。积极引导综合保税区优势互补、错位发展，加强综合保税区绩效评估。鼓励有条件的市（州）申请建设新的海关特殊监管区域。

3. 务实建设国际（地区）合作园区

要进一步提升中法成都生态园、中德（蒲江）中小企业合作区、中意文化创新产业园、中韩创新创业园、新川创新科技园的国际合作水平，打造国际合作园区建设样板。加快实施中日（成都）城市建设和现代服务业开放合作示范项目，建设全球药物供应链服务中心、先进医疗服务中心，构建中日合作枢纽。积极探索创新国际产业合作园区建设模式，推动"两国双园""一园多国"等国际产业合作新模式的发展。高品质建设海峡两岸产业合作区、川港合作示范园，支持各地打造国际（地区）产业合作平台。

4. 打造一流国际交往平台

第一，要高水平建设中国—欧洲中心，将其打造为中国与欧洲开展投资贸易和科技合作的重要平台。第二，进一步扩大西博会的影响力，搭建西部地区参与共建"一带一路"、深化同世界各国交流合作的重要平台。第三，着力提升科博会、农博会、酒博会、锂业大会、四川航展等重点会展的专业化、国际化水平，办好中外知名企业四川行、川商产业发展大会、"一带一路"华商峰会等重大会展活动，提升会展知名度和国际影响力，为推进四川与其他国家和地区的经贸合作提供更具知名度和国际影响力的交往平台。

（三）强化对共建"一带一路"倡议的支撑

共建"一带一路"倡议是我国对外开放的重要支撑和有效载体，四川在共建"一带一路"中处于连接南北、沟通东西的枢纽地位，具有重要地位和作用。深度融入共建"一带一路"倡议是推进四川扩大开放、高水平开放的需要，为此需要强化四川对共建"一带一路"倡议的支撑。

1. 着力打造国际门户枢纽

要鼓励并支持成都以建设国际门户枢纽城市为目标，积极建设打造全球性航空枢纽和货运中心，主动打造西部陆海新通道区域物流组织中心和中欧班列集结中心，加快建设参与国际竞争的新基地。同时，鼓励德阳、眉山、资阳共同发展临空临港经济，协同建设门户枢纽城市；支持宜宾、泸州、攀枝花、达州建设连接长江黄金水道和西部陆海新通道的枢纽节点。

2. 深入推进中欧班列高质量发展

要进一步扩大成都国际铁路港多平台集成优势，加快形成经我国新疆、内蒙古、云南及北部湾港、长三角的"多通道跨境、多口岸过境"国际班列大通道。同时，完善"蓉欧+"班列基地，创新"欧洲通"运营模式，打造"干支结合、枢纽集散"的高效集疏运体系。此外，积极开展"一带一路"国际多式联运示范，推广多式联运"一单制"，做优跨境区块链金融平台，推动建立国际陆上贸易新规则；加强中欧班列与西部陆海新通道全面对接，构建以成都为主枢纽的国际班列网络。

3. 进一步深化与"一带一路"共建国家的交流合作

要加强与"一带一路"共建国家经济发展战略和政策规则标准的对

接，推动更多国家来川设立领事机构、办事机构等，发展更多国际友好城市和友好合作关系。提升"一带一路"专项金融服务水平，搭建集贸易结算、综合信息、汇率风险管理和跨境投融资服务于一体的综合服务平台。推进绿色丝绸之路建设，支持企业在"一带一路"共建国家开展绿色工程、绿色投资和绿色贸易。广泛开展人文交流合作，促进健康丝绸之路建设。支持川渝协同建设"一带一路"国际技术转移中心和科技创新合作区，并鼓励其与"一带一路"共建国家广泛开展人文交流与合作，提高川渝地区全方位开放发展水平。

4. 大力培育外贸发展新动能

在贸易方式和结构方面，支持加工贸易向产业链两端延伸，大力推进一般贸易发展，着力推动高附加值产品、优秀自主品牌产品等名、特、优、新产品出口，推进对资源型产品、关键设备及其零部件等产品以及节能环保与研发设计等生产性服务的进口。

进一步加大对外贸综合服务和市场采购贸易等新业态、新模式的培育发展力度，着力建设进口贸易促进创新示范区、外贸转型升级基地和跨境电子商务综合试验区等重大平台，加快布局海外仓、国际营销服务平台、境外经贸合作区，加速打造"一带一路"进出口商品集散中心，形成外贸发展新动能。

二、重庆——实行更高水平开放，加快建设内陆开放高地

推进重庆的开放发展，需要实行更高水平的开放，多环节协力助推开放水平提升，建设内陆国际物流枢纽和口岸高地，打造高效便捷的通关环境；同时，要注重将两江新区打造成重庆以至内陆地区对外开放的门户和"排头兵"。

（一）多环节协力助推开放水平提升

在全面建设社会主义现代化国家新征程中推进开放发展要求高水平开放，提升重庆开放水平需要多环节协同努力、共谋发展。

1. 围绕区域协同积极构建开放体系，推动实施更大范围对外开放

在区域协同方面，重庆要紧抓成渝地区双城经济圈建设契机，加强通

道、物流、口岸、平台、经济等全方位的开放协作，共建区域一体化开放大市场。同时，通过推动市域内"一区两群"协同开放，做大做强主城都市区开放主引擎，提升渝东北三峡库区城镇群和渝东南武陵山区城镇群的开放层级。在构建开放体系方面，要着力完善互联互通的开放通道体系，提升开放平台能级，促进开放型产业转型升级，营造一流营商环境。

2. 以扩大服务业开放为重点，提升开放发展水平

要进一步放宽多个领域的市场准入，改革监管模式，优化市场环境，大力培育服务业新业态、新模式，打造内陆现代服务业发展先行区。同时，大力推动服务贸易创新发展，积极探索服务贸易发展新机制、新模式、新路径，推动包括数据、金融、运输、人才在内的"四个开放"。此外，要坚持将"引进来"和"走出去"相结合，充分利用国内国际两个市场、两种资源，着力推进内外需、进出口和外资引进与对外投资协调有序发展。

3. 以制度型开放为引领，优化开放制度供给

一方面，积极对标国际高标准经贸规则，推动形成与国际经济制度和规则深度衔接的开放制度体系，如以川渝自由贸易试验区协同开放示范区为基础和载体，全力推进规则、标准等方面的制度创新与制度开放。

另一方面，加强制度创新，通过多种渠道、多种方式积极参与全球经贸规则的制定以及全球治理体系的改革和建设，力争创新引领国际经贸新规则，如依托中欧班列（渝新欧）、西部陆海新通道，深入推进陆上贸易规则创新探索，继续推进铁路运单物权化，扩大铁海联运"一单制"试点范围；抢抓数字经济发展新机遇，探索建立数据分级分类规则、数据跨境流动安全评估规则、数据保护能力认证规则、跨境数据交易规则等数字经济开放发展相关规则。

（二）建设内陆国际物流枢纽和口岸高地

推动实施更大范围对外开放并提升开放水平，需要重庆厚植其拥有的中欧班列（渝新欧）、长江黄金水道和西部陆海新通道等通道优势，大力发展通道经济与枢纽经济[①]，着力打造内陆国际物流枢纽和口岸高地、国际物流要素组织创新中心、国家物流业高质量发展示范高地、现代化国际

---

① 蒋炀. 从"通"到"活"，西部陆海新通道让重庆加速拥抱世界［J］. 当代党员，2020（23）：24-25.

供应链智慧中枢。

1. 着力优化物流发展空间格局

要按照成渝地区双城经济圈、"一区两群"区域发展战略要求，完善"十四五"以及更长时期的口岸物流规划，着力构建以国家物流枢纽为引领、物流园区为支撑、物流中心等为补充的市域物流网络服务体系。

2. 进一步畅通出海出境物流大通道

畅通对外物流通道，需要重庆进一步强化物流通道基础设施建设，提升通道运行与物流效率，推动共建西部陆海新通道；进一步拓展中欧班列（渝新欧）功能，释放长江黄金水道运能，推进渝满俄班列通道建设，大力打造国际航空枢纽，构建内联外通的国际物流通道体系。

3. 优化完善现代化物流枢纽体系

要统筹推进港口型、陆港型等国家物流枢纽建设，完善并优化枢纽设施联动功能，促进物流枢纽间要素流动、信息互联和标准协同，提高干、支通道衔接能力和转运分拨效率。发挥铁路运输优势，大力提升市域内铁路货物运输比重，积极发展铁公水空多式联运。进一步发展国际物流和冷链物流等综合性、专业性物流，着力提高现代物流发展能级和水平。

4. 加大开放口岸建设优化力度

第一，积极争取布局新的开放口岸，加快口岸基础设施建设，加快构建水空口岸联动发展机制。第二，健全口岸功能，着力提升口岸能级与运转效率，逐步建成体系完善、功能齐全、效率高、辐射面广的内陆开放口岸高地。第三，要加强重庆开放口岸与上海、深圳、新疆、广西等沿海沿边地区开放口岸之间的合作，推动跨境贸易便利化水平提高。

5. 加快建设现代化物流服务平台

要充分发挥西部陆海新通道物流中心与运营组织的重要中心作用，逐步建立跨区域公共运营平台，努力构建通道合作共同体。同时，加快推进长江上游航运中心建设，推动组建长江上游港口联盟；加快物流信息平台体系建设，推动物流业转型升级、降本增效以及物流服务高质量发展。

6. 强化对物流枢纽和口岸高地建设的支持力度

为加速推进重庆物流枢纽和口岸高地建设，应研究并出台相关支持政策和具体举措，加大对物流枢纽和口岸建设的投资和金融支持力度；深化国际贸易"单一窗口"的建设和推广应用，使国际贸易"单一窗口"向贸易和物流全链条延伸，促进跨境贸易便利化水平有效提升。

（三）打造高效便捷的通关环境

打造高效便捷的通关环境，是重庆推动实施更大范围开放和高水平开放不可或缺的重要举措，是重庆建设内陆开放高地的重要内容。为此，重庆需要抓紧打造高效便捷的通关环境，以助推对外贸易加速发展、高效发展。

1. 海关加持助推开放通道综合叠加效应的发挥

通关环境的打造需要海关协同配合，重庆可以依托中欧班列（渝新欧）和西部陆海新通道等开放通道，由海关出台举措促进不同开放通道的通关便利化，支持重庆发挥通道综合叠加效应，全力促进共建"一带一路"与长江经济带发展战略实现无缝衔接，推动形成国内国际双循环新发展格局。

同时，重庆海关要不断加大诸如渝甬班列、沪渝直达快线、离港确认模式等形式的区域间海关合作力度，持续发挥通关协同效应。

2. 加快综合保税区建设发展，培育开放发展新优势

在加快综合保税区建设方面，重庆可以抓住国家层面新设综合保税区向中西部地区倾斜的有利机遇，积极争取在重庆建设新的综合保税区。重庆海关要围绕现有综合保税区的定位和特点，以"两区"整合优化为契机，支持综合保税区加工贸易迭代升级，推动各综合保税区错位发展。

同时，围绕落实成渝地区双城经济圈建设国家战略，积极探索推动川渝自贸试验区协同开放示范区建设的新举措，加快川渝自贸试验区协同开放示范区建设步伐。通过综合保税区建设和协同发展以及川渝自贸试验区协同开放示范区建设的不断深化，不断激发开放发展新动力，培育重庆开放发展新优势，推动开放水平持续提升。

3. 深化"放管服"改革，进一步优化营商环境

为持续推进扩大开放、高水平开放，重庆要进一步优化营商环境。一方面，要持续深化"放管服"改革，加强政府相关部门监管和服务制度的探索创新；全面融入全国通关一体化，深入实施"两步申报""两段准入"等海关重大业务改革试点。另一方面，要支持跨境电商、保税研发、保税维修、保税展示展销等新业态、新模式的孕育成长，建设并逐步优化重点企业原材料、生产设备及关键零部件进出口的"绿色通道"，促进产业链垂直整合，培育外贸发展新动能。

4. 通过专项行动加速推进跨境贸易便利化

为加速推进跨境贸易便利化进程，可以组织实施海关促进跨境贸易便利化专项行动，依托"集中审像""智能审图"等智慧海关建设项目，积极参与建设"智慧口岸"，充分释放"提前申报"等制度红利，落地落实精简进出口环节证件、推进部门联合检查作业等一揽子便利化举措，切实提高跨境贸易便利化水平。

（四）推动两江新区成为对外开放门户和"排头兵"

重庆两江新区作为国家级开发开放新区，是重庆对外开放的"桥头堡"和重要阵地。推动重庆实施更大范围开放、促进高水平开放，需要加大两江新区的开放发展力度，着力将两江新区打造成为重庆对外开放的门户和"排头兵"，通过两江新区开放门户和"排头兵"作用的发挥，推动重庆持续扩大开放、高水平开放。

1. 积极服务成渝地区双城经济圈建设等国家战略

两江新区要主动争取承接国家重大战略项目、试点示范项目，瞄准新兴产业设立开放式、国际化高端研发机构。同时，着力提升新区高端产业引领、科技创新策源和全球资源配置功能，高质量、高标准建设两江协同创新区。此外，要擦亮新区"枢纽港""智慧园"等极具特色和优势的城市功能名片，以重大产业平台为支撑，全力推进重庆打造高水平内陆开放门户[①]。

2. 加快出海出境大通道建设

一方面，两江新区要加大对果园港国际多式联运枢纽的建设力度，使之成为连接中欧班列（渝新欧）、长江黄金水道和西部陆海新通道的关键节点，同时加强果园港与四川泸州港、宜宾港等港口的物流运输服务合作。另一方面，要持续完善开放体制机制和配套政策，推动对外贸易创新发展，推动对外经贸合作逐步向规则、规制、管理、标准等制度型开放转化，以更高质量利用外资、更高水平"走出去"优化配置资源，增强市场主体的国际合作和竞争优势。

3. 着力提升开放平台能级

两江新区要充分发挥中新（重庆）战略性互联互通示范项目核心区和

---

① 王志杰. 以创新驱动引领两江新区高质量发展 [N]. 重庆日报，2020-12-22（11）.

重庆自贸试验区核心区等平台的先试先行作用，着力开展首创性和差异化改革试点工作。同时，持续做大做强两路果园港综合保税区（原两路寸滩保税港区），努力将寸滩国际新城建设成为国际商务、国际消费的窗口和平台。再者，要着力提升中新金融科技合作示范区和江北嘴金融科技港的能级与水平，加大其服务西部金融中心建设的力度。另外，要推动礼嘉和悦来片区联动打造智慧园，提升礼嘉智慧公园和悦来国际会展城的能级，扩大其开放发展影响力和带动力。

4. 着力提高开放型经济发展质量

两江新区要抓住全球产业链重构机遇，联动四川天府新区在汽车、电子等领域打造世界级产业集群；加快培育高端装备、生物医药两大成长性产业；着力发展壮大数字经济、现代服务业两大融合性产业。

与此同时，要依托产业园等重要平台，逐步探索国家新一代人工智能创新发展试验区和数字经济创新发展试验区等重点平台的建设工作；紧紧抓住 RCEP 带来的开放发展机遇，加快与其他国家和地区特别是 RCEP 其他成员国的贸易和投资合作，推动对外贸易创新发展，大力引进世界 500 强企业以增强新区开放发展能力、提高新区开放发展水平。

三、川渝携手——内陆开放大门越开越大

作为深入中国腹地的重要经济板块，四川、重庆是内陆开放的典型代表，二者共同承载着在西部地区形成高质量发展重要增长极、打造内陆开放战略高地的使命。提升川渝两地开放水平，要牢牢把握西部大开发、长江经济带建设和共建"一带一路"等重大机遇，推动两地在合作领域、合作内涵和合作机制上不断拓展、丰富与完善，通过两地携手并进，共同打造内陆开放经济高地。

（一）多措并举助推内陆开放追赶沿海

2020 年 6 月 3 日，在重庆召开的推动成渝地区双城经济圈建设四川重庆商务联席会上，重庆市商务委员会、四川省商务厅围绕"开放"议题签署了《共建内陆改革开放高地战略合作协议》《推动成渝地区双城经济圈建设商务工作机制》和《共建川渝自贸试验区协同开放示范区工作方案》

三个重要文件。根据战略合作协议，川渝两地将从协作共建重大平台、发展高水平开放型经济、深化消费促进合作、推进市场一体化建设、布局一批先行先试实施载体、营造国际一流营商环境等方面入手，推动川渝共建内陆改革开放新高地。抓紧落实川渝开放发展战略合作协议，多措并举协同推进开放发展，是推动川渝地区对标沿海发达地区扩大开放范围、提升开放水平的重要举措。

1. 协同推进开放平台建设

在开放平台建设方面，川渝两地一方面要注重整合市场要素资源，合力建设"一带一路"进出口商品集散中心，共建覆盖"一带一路"节点国家和周边省份的骨干贸易网络，推动形成成渝一体化区域大市场，共同把成渝地区建设成为立足西部、面向南亚和东南亚地区、辐射"一带一路"共建国家和地区的人流、物流、资金流和信息流汇聚的商品集散中心。

另一方面，要加强两地在跨境电商综合试验区、国家级经济技术开发区和综合保税区（港）等平台方面的建设与合作，强化双方产业对接和创新政策的复制推广、互学互鉴，积极探索项目孵化、人才培养、政策创新等协作新模式，相互扶持、协同推进重大项目建设。

2. 协同发展高水平开放型经济

川渝双方要加强通道口岸建设、货物贸易转型升级、服务业开放、对外投资等方面的合作，如共同利用长江上游航运中心、西部陆海新通道、中欧班列和海关特殊监管区域等开放平台资源，合力推进口岸通关便利化的改革与协作，协同做好"通道带物流、物流带经贸、经贸带产业"的开放发展文章[①]，通过协同改革创新，推进两地高水平开放型经济的发展。

3. 协同深化消费促进合作

川渝两地要相互支持、共同培育建设国际消费中心城市。对川渝国际消费中心城市高点定位、系统谋划、综合施策，在大力营造良好国际消费环境的同时，协同推进国际消费资源与服务在成都、重庆聚集和提升，充分激发成渝两地的国际消费需求，逐步将成都、重庆建设成为具有全球影响力的国际消费中心城市，通过国际消费需求增长推动两地开放型经济加速发展。

---

① 重庆日报. 全面贯彻习近平总书记重要讲话精神 谱写新时代重庆政协事业发展新篇章 [EB/OL]. （2019 - 09 - 24）[2023 - 11 - 30]. http://cq. cqnews. net/html/2019 - 09/24/content _ 50678940. html.

4. 协同共建内陆开放门户

在开放发展实施载体方面，要充分发挥成都和重庆两大区域中心城市在川渝两地的极核作用，进一步强化天府新区、两江新区在其中的关键节点功能和作用，使天府新区和两江新区成为推进成渝地区双城经济圈建设、推进开放发展的动力引擎和战略平台。

与此同时，加强成渝两地商务领域大项目、大产业、大政策等方面的互动协同，积极争取国家优先布局重大战略项目、试点示范项目落户成渝地区，提升成渝内陆开放门户能级，强化成都、重庆对川渝地区以至内陆地区开放发展的引领作用。

5. 协同打造良好营商环境

川渝双方要推动川渝商务领域政务服务一体化和均等化。要打通川渝政务服务平台的服务通道，实现商务审批服务事项受理标准、设定依据、申请材料等的规范统一；积极探索推行线上"一地认证，全网通办"、线下"收受分离、异地可办"的政务服务模式，合力推动实现审批事项互办互认，以及向成渝地区双城经济圈辐射的地区放权赋能。

6. 协同推进人员交流互换

2020 年 4 月，四川省委组织部和重庆市委组织部联合签署《成渝地区双城经济圈人才协同发展战略合作框架协议》。根据协议，川渝两地建立了年轻干部互派挂职长效机制，干部互派主要聚焦协同发展工作机制、主要职能部门、重要开放平台和重点合作地区。除继续深化、优化干部互派挂职机制外，两地还应加大其他各类人才、人员流动机制的协同建设和完善工作，通过有效的沟通、协调，共同清除阻碍人才流动、人员流转的体制机制障碍，促进两地人才和各类人员合理有序流动，实现人才优化配置、才尽其用。

7. 协同推动建筑业协调发展

建筑业是川渝两地共同的支柱产业，建设成渝地区双城经济圈、推动成渝地区开放发展，需要川渝两地加强建筑领域的协调和合作，共同推进建筑业协调发展、高质量发展。为此，川渝两地要充分利用双方在资源环境、产业结构、市场空间等方面具有的高度关联性和互补性，依托双方已有的合作基础和优质企业主体，整合资源、深度合作、抱团发展，从而实现优势互补，推动川渝建筑业合作向纵深发展，不断提升区域产业整体竞争力。

在发展方式方面，可以推行工程总承包，发展装配式建筑，通过适宜的方式增强产业内生动力；通过协同推进结构调整、技术进步和制度创新优化产业发展环境，着力将建筑业打造成带动力强的支柱产业、节能减排的绿色产业和技术先进的现代产业。

此外，要加强川渝建筑产业结构性分工协作，共建川渝建筑大市场。在这方面，要鼓励川渝两地企业采用多种方式进行合作经营，协同推动工艺创新、技术攻关和产品研发，鼓励双方企业通过"靠大联强""借船出海"等方式共同拓展海外市场，特别是 RCEP 区域市场、"一带一路"沿线市场，实现互助共赢。

8. 协同推进港航融合发展

在港航融合发展方面，四川省港航投资集团与重庆港务物流集团已经签署了战略合作协议，川渝双方应在此基础上形成"港港"携手新局面，在通道开拓、港口运营和供应链金融等方面开展深入交流与合作，合力构建铁水、水水联运通道，推动双方国际物流枢纽和内陆开放门户建设[1]。

同时，两地要协同优化物流资源，共同开发利用长江、嘉陵江、沱江等干支流水道，以果园港、万州港、宜宾港、泸州港等主要港区为节点，协同建设长江上游航运中心，共同推动国际物流枢纽和内陆开放门户建设。

9. 进一步加强经贸合作

在经贸合作方面，川渝两地要着重在自贸区制度创新、产业协作共兴、会展平台共建等方面展开合作。双方要共建川渝自贸试验区协同开放示范区，逐步探索适合内陆地区开放发展的新途径与新模式[2]；要在贸易投资便利化、自由化，政府职能转变和金融改革创新等领域开展深度交流与合作；要进一步深化金融领域合作，将知识产权质押融资、物流和科技金融等领域作为重点合作领域，加大合作力度，推进资本与产业高效对接；要加强开发区建设合作；支持两地大型会展相互合作、互促共进，合

---

① 中国发展网. 两江新区：唱好"双城记"建好经济圈 重庆港务物流集团"牵手"四川港航投资集团［EB/OL］.（2020－06－19）［2023－11－30］. http://gjxq.chinadevelopment.com.cn/zxbd/2020/1656333.shtml.

② 翟琨，卢加强，李后强. 成渝地区双城经济圈一体化"化学键"形成探析：基于轴心论的视角［J］. 中国西部，2020（1）：1-10.

力提升西洽会、西博会、智博会等两地龙头会展的质量与水平①。

（二）川渝国家级新区携手打造内陆开放门户

作为川渝两地开放发展重要门户的四川天府新区和重庆两江新区，要认真落实中央财经委员会第六次会议关于推动成渝地区双城经济圈建设的重大战略决策，全面贯彻《成渝地区双城经济圈建设规划纲要》，按照整体谋划、系统推进、共建共享的原则共同打造内陆对外开放门户，力争2025年天府新区与两江新区基本建成内陆开放门户，2050年天府新区与两江新区全面建成具有国际标志典范意义的内陆开放门户，届时两区国际竞争力和区域带动力将基本达到世界级城市水平，两区将成为宣传习近平生态文明思想的重要窗口、世界城市可持续发展的中国方案、彰显中国特色社会主义制度优越性的未来城市样板。宏图已经描绘，重要的是四川天府新区和重庆两江新区携手努力，共同推进川渝国家级新区打造内陆开放门户目标的实现。

1. 协同建设开放通道

通道和口岸是天府新区和两江新区打造内陆开放高地的基础和支撑，打造高效便利的通关环境，是两区建设内陆开放高地的重要内容。在"双循环"新发展格局下，成渝地区应进一步发挥承东启西、联动陆海的独特优势，通过四川天府新区与重庆两江新区携手努力，切实做好通道带物流、物流带经贸、经贸带产业的开放发展"文章"，大力发展通道经济、枢纽经济，着力打造内陆国际物流枢纽和内陆口岸高地、国际物流要素组织创新中心、国家物流业高质量发展示范高地和现代化国际供应链智慧中枢。

一是优化物流发展空间格局。要按照《成渝地区双城经济圈建设规划纲要》的部署和安排，完善"十四五"口岸物流规划，着力构建以国家物流枢纽为引领、物流园区为支撑、物流中心等为补充的物流网络服务体系。

二是畅通出海出境物流大通道。要强化天府新区和两江新区的基础设施建设，协同推动两区通道运行能力与物流效率提高。要推动两区合作建

---

① 重庆日报. 共建陆海新通道 共享合作大机遇[EB/OL]. (2019-07-12)[2023-11-30]. https://epaper.cqrb.cn/html/cqrb/2019-07/12/004/cqrb20190712004.pdf.

设西部陆海新通道，着力拓展中欧班列功能，释放长江黄金水道运能，加速打造国际航空枢纽，通过通道建设构建内联外通的国际通道体系。

三是完善现代化物流枢纽体系。天府新区和两江新区要统筹推进川渝两地各种类型的国家物流枢纽建设，特别是注重推进港口型、陆港型物流枢纽建设。在加强物流枢纽基础设施建设的同时，通过制度创新以及有效的沟通和对接，促进物流枢纽间要素流动、信息互联、标准协同，进一步强化物流枢纽设施联动功能，大力提高干支物流通道的衔接能力和转运分拨效率。

四是协同完善开放口岸体系。天府新区和两江新区要对现有水运口岸和航空口岸加强基础设施建设，进一步完善开放口岸功能，提升开放口岸能级和水平；与此同时，要加紧构建并逐步完善水运口岸和航空口岸的联动运转机制，强化水运口岸和航空口岸的对接和联动，尽快将现有开放口岸打造成功能全、效率高、辐射强、环境优的内陆口岸高地。同时，积极争取建立新的开放口岸特别是铁路口岸和公路口岸，努力形成水运、航空、铁路、公路口岸齐备，口岸之间联动发展协调发展的开放口岸格局。此外，要加强川渝开放口岸与沿海沿边地区如上海、深圳、新疆、广西等地口岸的合作，通过协同合作提高川渝地区跨境贸易便利化水平。

五是协同创新监管和服务制度。作为国家级新区，四川天府新区和重庆两江新区要在优化营商环境和政务服务方面走在前头，着力打造川渝营商环境标杆和政务服务标杆。一方面，两区要协同推进"放管服"改革，全面融入全国通关一体化体系，加快探索实施"两步申报""两段准入"等海关重大业务改革试点。另一方面，加大政策支持力度，鼓励和支持跨境电商、保税研发、保税展示展销等新业态、新模式的发育发展；加快构建重点企业原材料、生产设备和关键零部件进出口的"绿色通道"，以推动产业链垂直整合。

六是协同实施促进跨境贸易便利化的专项行动。加速推进跨境贸易便利化进程，需要天府新区和两江新区积极参与"智慧口岸"建设，通过"集中审像""智能审图"之类智慧海关建设项目的实施，共同提高海关运行数字化、智能化水平，使"提前申报"等制度红利得到充分释放。同时，加大力度推进部门联合检查作业、精简进出口环节证件等跨境贸易便利化措施尽快落地实施。此外，两区要持续协同完善开放体制机制和配套政策，推动对外贸易创新发展，促进更高质量、更高水平利用外资和跨国投资经营。

2. 协同打造开放载体

天府新区和两江新区要抓住全球产业链重构、RCEP 签署生效和中欧 CAI 谈判完成的机遇，立足内陆开放特质，充分发挥国家级新区优势，着力加强与多国多地的经贸合作，努力将两个国家级新区建设成综合功能齐全、地域特色鲜明的开放载体，加快打造国际经贸文化交流合作集聚地，推动国际交流合作向更大范围、更广领域、更高层级发展，加快形成高水平"双向开放"的规模优势和整体效应。

一是大力提高协同开放水平，着力推进改革开放新高地建设。天府新区和两江新区要立足内陆开放的特点和优势，提升对国内国际资源要素的集聚运筹能力，积极构建多维度开放平台体系，提升扩大对外开放的支撑能力。要将天府总部商务区和两江新区国际合作产业园等开放平台的建设作为主要载体，将两地自贸试验区的联建共享作为重要抓手，合力建设国际合作开放高地和合作中心。共同建设和运用好国际合作交流平台，充分利用进博会、西博会等会展平台开展重大项目推介和经贸交流。在天府国际会议中心和重庆国际博览中心等重大项目平台的基础上，对会展发展模式进行探索和创新，携手打造国际会展会议高地。两区要协同发挥开放平台作用，通过差异化、首创性改革试验探索，完善开放平台功能，提升开放平台能级，共同提升川渝重要会展的知名度和影响力，拓展川渝开放发展新渠道、新领域。

二是积极融入全球创新网络，加强对全球优势科技资源的利用。天府新区和两江新区要加强创新合作载体建设，共同布局建设一批国际技术转移平台、国际创新园、示范型国际科技合作基地、科技创新中心和国际化联合实验室等创新载体和平台，为进一步推进科技领域的国际合作提供支撑。同时，进一步完善鼓励外资研发机构入驻两区的相关政策，吸引国外知名科研院所、高等院校和大型企业入驻新区创建高端研发机构，充分发挥高端研发机构的技术溢出效应，使外资研发机构成为两区高效配置全球创新资源、提升区域创新能力的重要力量。

三是深化国际人文交流与合作，打造国际经贸文化交流合作集聚地。天府新区和两江新区要加强国际友城建设，在巩固深化现有国际友城关系的基础上，以"一带一路"共建国家、RCEP 成员国的主要城市为重点，加快发展一批新的国际友好城市。同时，用好国际友城资源，加强与国际友好城市地方政府层面的务实交流合作，鼓励各类群团组织和民间组织以国际友城为依托开展对外交流活动；积极拓展文化旅游对外合作，加强国际文化交流合作，依托川渝传统文化优势讲好"新区故事"，进一步提高川渝文化的国际影响力。另外，要建立健全两地公共服务共建共享机制，积极争创国家文化出口基地和对外文化贸易基地，支持两地对外文化贸易及相关产业合作；充分挖掘文化资源的旅游价值，推进文化旅游融合发展，着力打造川渝文化旅游目的地品牌，增强新区国际影响力。

四是共同打造高水平营商环境，推动新区对外开放方式转变。天府新区和两江新区应以法治化、国际化、便利化为导向，积极对接国际先进理念和通行规则，在深化行政体制改革、完善现代市场体系、健全法律法规体系、加强知识产权保护、建立社会信用体系等方面下足功夫，通过以固优势、补短板为目的的制度创新，打造高水平营商环境，促进新区对外开放水平提升和经济高质量发展。同时，对两区协同开放领域的技术、资本、数据等要素的市场化流动进行积极引导，促进要素合理有序流动。此外，要着力推动两地的开放发展逐步从要素和商品流动型开放向制度型开放转变，为此要优化营商制度，构建灵活高效的营商制度体系，力争在较短时间内使川渝两个国家级新区跻身企业办事最便利、服务管理最规范、行政运行最高效的国家级新区行列。

3. 着力推动政策互通

深入推进川渝两地协同开放发展离不开两地公共服务一体化水平的提高。天府新区和两江新区是成都、重庆经济发展的主战场、成渝地区双城经济圈"双核"中的"极核"。要充分发挥其在川渝地区持续扩大开放、高水平对外开放中的带动引领作用，就需要深入践行新发展理念，以美丽宜居公园城市和智慧城市建设为引领，着力整合优势资源，全方位推进公共服务合作，持续深化公共服务的共建共享。

一是建立健全公共服务一体化发展体制机制。要打破行政壁垒与条块分割格局，进一步推进两地公共服务跨区域流动与配置；以深层次、全方位和立体化为目标，建立健全两地公共服务共建共享协商合作机制，加大各级政府及相关部门之间的沟通与联系力度，使各项政策和制度实现统一、一致与协同，推动两地的公共服务资源能够合理统筹、有序流动、有机融合和有效配置，为川渝地区公共服务一体化建设提供制度支持。

二是持续改进公共服务一体化绩效评价体系。在考核评价指标的筛选上，要注重将社会救助、养老保险、义务教育、公共就业、公共卫生等体现公共服务一体化水准的指标纳入各级政府部门的绩效考核评价指标体系，以此为动力推动两地公共服务协调、均衡发展。同时，要建立健全在绩效评价过程中的民主监督评价和群众民主评议制度，以切实提高绩效评估对民众带来的积极影响，使公共服务一体化建设成果不流于表面，能真正发挥便民利民功能。

三是逐步实现公共服务多元化供给。为有效供给并逐渐丰富公共服务，天府新区和两江新区应逐步推动公共服务供给模式从政府单一供给向政府、非营利组织、企业和个人等多元化供给转变。在此过程中，政府要将公共服务重心放在对普遍义务性公共服务的供给上，从而与企业、个人以及非营利组织提供的公共服务形成互补局面。为此，要以政府为主导，逐步健全公共服务市场准入制度，营造公平的市场竞争环境，采取税收优惠、贷款贴息等优惠措施，鼓励不同行业、不同领域、不同地区有实力的市场主体与非营利组织进入公共服务领域，发挥公共服务供给作用，以有效提升公共服务供给能力与水平。

四是扎实推进城乡基本公共服务普惠共享。两个新区要加快建立健全城乡一体、全民覆盖和共建共享的城乡基本公共服务体系，推动公共服务与社会事业向农村延伸，逐步缩小在公共服务体系与水平上的城乡差距，推动实现城乡基本公共服务普惠共享。

五是加快推进公共服务大数据共建共享。在数据成为重要生产要素之一的背景下，川渝两地协同推进开放发展，需要充分利用数据在现代经济发展中的重要作用，利用物联网、大数据、人工智能和区块链等先进技术手段，对标国内国际先进标准与要求，搭建一体化的公共服务大数据共享平台，促进两地实现公共服务的资源共享与数据整合，有力提升公共服务供给的便捷化与智能化水平，有效提高公共服务供给能力和供给水平。

4. 立足比较优势促进产业联动

天府新区和两江新区要牢牢把握当前全球产业链、供应链深度调整的重大机遇，充分利用 RCEP 签署生效和共建"一带一路"深入推进的有利时机，立足自身比较优势，强强联手，合力推动川渝两地产业联动，携手打造优势产业集群，为两地开放发展、高水平开放提供产业支撑。

第一，打通两区产业链、供应链、创新链，研究梳理两区重大产业项目清单。要坚持以"一盘棋""一体化"思维推动两区产业实现优势互补，构建产业协同互补发展新机制，携手打造优势产业集群；着力推进两地在电子、汽车、装备制造和生物医药等优势产业领域的错位发展与互补发展，加快推进两地在文化创意、会展博览、智能制造、总部经济等新兴产业领域的集群发展，推动两地共同举办招商引资推介活动，联合组建优势产业联盟，促进要素流动与市场开拓，共同推动开放发展。

第二，共同构建高层次现代化开放型产业体系，做强扩大对外开放的内核实力。在这方面，要坚持以融入全球产业链高端和价值链核心为导向，加强对外贸易转型升级合作，相互支持建设外贸转型升级基地，大力促进两区优势产业和龙头企业深度融入全球产业分工，积极承接国际国内产业转移。同时，坚持以"朋友圈"理念增进国际产能合作，以点带面扩大新区"朋友圈"；借力两区各类商会协会、企业联盟、科研机构等，加快形成国际产业与区域资源互通共享的竞合发展新格局。坚持以"要素圈"理念完善国际化产业配套服务，积极发展法律、金融、保险、咨询等高端配套服务，全要素打造一站式集成化商务服务平台，为构建国际化产业发展环境提供有力支撑。

第三，加快促进产业全面融合错位协同发展，合力打造现代产业体系。促进两区产业融合发展、错位发展、协同发展，需要做好多方面工作。一是围绕共推现代农业转型升级，共建特色农产品供销基地，加强农产品公用品牌合作。二是围绕共促文旅产业融合发展，共同策划打造精品旅游线路，共建区域联合营销平台，协同构建文化遗产联合保护机制。三是围绕共促新经济发展，加快发展新经济、培育新动能，联合编制发布城市机会清单。四是围绕促进制造业高质量协同发展，遵循"强链条、育集群、建体系"的产业发展理念，共同构建跨区域产业生态圈，培育一批具有国际影响力的制造业集群。五是围绕共同壮大现代服务业，同塑共建具有影响力的服务品牌，共构"营销+配套生产""总部+全球市场"的消费格局和"买全球、卖全球"的服务能力体系，促进区域产业供给和消费互促共进"双升级"。

第四，携手推进科技创新协同协作，建设具有全国影响力的科技创新中心。天府新区和两江新区要在推动区域协同创新上协同发力，建设两区协同创新区，瞄准新兴产业设立或引入开放式、国际化高端研发机构，努力使协同创新区成为科技创新的重要支撑。同时，在"科创+产业"上协同发力，发挥两区的旗舰作用，强化产业联动，提升产业生成能力，加快培育集聚高端、高质、高新产业，共同打造具有国际竞争力的高能级创新型产业集群。此外，在推进大数据智能化创新上协同发力，优化完善"芯屏器核网"全产业链、"云联数算用"全要素群、"住业游乐购"全场景集，协同推进数字产业化和产业数字化，促进数字经济加速发展；在优化创新创业生态上协同发力，以打造创新特区、人才特区为抓手，建设国际化、智能化、绿色化、人文化的现代城市样板，营造"近悦远来"的国际化创新人才宜居宜业环境。

第五，积极争取资本市场及期货市场的相关政策支持。推进金融和产业进行跨境的亚区域整合，需要包括自贸区在内的一系列国家特殊政策的支持，为此，天府新区和两江新区应该利用目前国内资本过剩而南亚资本不足的空间机会，积极争取资本市场及期货市场的相关支持政策落户成渝两地，使成都、重庆成为西部金融中心、资本运作中心和区域性重要产业培育中心；通过各种金融创新支持跨区域基础建设，支持符合国家战略方向的实体企业发展壮大并开展对外交流合作、拓展海外市场。

四、加强合作，借船出海，助力川渝开放水平迈上新台阶

推进川渝地区开放发展，除着眼于四川和重庆本身的协同合作外，还要抓住西部陆海新通道建设等重大战略机遇，加强川渝两地与沿海沿边地区的开放合作，借船出海，有效提升川渝开放水平。

（一）紧抓西部陆海新通道建设机遇协同推进开放发展

对地处内陆且位于西部陆海新通道东西南北交会处的四川和重庆来说，西部陆海新通道建设是川渝地区突破海运港口瓶颈、加速发展高水平开放型经济的重要机遇。四川和重庆应牢牢把握西部陆海新通道建设机遇，协同对接西部陆海新通道建设，加速贯通开放通道、提升开放载体的承载力。

1. 着力提升承载力和贯通能力

四川和重庆要按照四川"四向拓展、全域开放"的开放发展战略和重庆"两点"定位、"两地""两高"目标的要求，把落实规划任务与共建"一带一路"、长江经济带发展和西部大开发等结合起来，在深度融入西部

陆海新通道的同时，借助川渝两地的区位优势和经济影响力，凭借长江黄金水道、国际机场和中欧班列等优势载体和通道，加快推进新通道与长江中下游、西北地区等相关通道的对接，促进川渝两地与西北地区、华东地区、华中地区以及欧洲和中亚地区的经济交往与联系，着力提升开放通道和开放载体对川渝开放发展的承载力和贯通能力。

2. 强化集聚和扩散效能

川渝两地在建设西部陆海新通道战略背景下提升开放水平，要以两大航空港、泸州和宜宾的航运物流中心以及亚洲最大的铁路集装箱中心站——成都青白江铁路集装箱中心站等平台为基础，建立和完善骨干交通通道；以国家经济技术开发区和高新技术开发区等为支撑，建立现代服务和产品制造基地。同时，要全面推动空铁公水多式联运发展，对现有通道进行整合优化和提档升级，为"国际陆海联运"体系的建立和完善提供基础支撑。

3. 扩大商品输出和双向投资能力

通道上的商品输出与投资能力是通道建设进展与成效的最终反映，川渝两地作为西部陆海新通道的端点支撑，面临拥有 25 亿人口的南向大市场，需要通过大力发展两地优势产业增加对商贸、教育和旅游等领域的出口，加强对南亚和东南亚等地特色产品及原料的进口，最终促进进出口总量快速增长[①]。同时，还需要加大与西南、南亚和东南亚等地区的双向投资和经贸合作力度，努力扩大外资外贸规模。

4. 提升区域沟通和协调能力

川渝两地要依托自身优势，积极主动与南向沿海沿边省份建立合理的分工协作关系，通过协作形成合力，增强自身产业、产品的国际竞争力，助推面向南亚、东南亚国家和地区的开放发展。同时，要积极与云南、广西等各个口岸或港口、各产业园区和专业市场等加强联系与对接，通过相互间的资源整合、优势互补，形成国际竞争新优势，推动开放规模扩大、开放水平提高。

（二）深化与沿海发达国家和地区的经贸合作

与内陆地区相比，我国沿海发达地区和一些沿海发达国家的开放水平、经济发展水平相对较高，川渝地区持续扩大开放、推进高水平对外开

---

① 四川日报. 借势西部陆海新通道建设 深化四川南向开放［EB/OL］.（2019-08-29）［2023-11-30］.https://epaper.scdaily.cn/shtml/scrb/20190829/222121.shtml.

放，需要进一步深化与沿海发达国家和地区的经济贸易合作，通过合作实现互利共赢，促进开放水平提升，推进经济高质量发展。

1. 深化创新合作，推进开放水平提升

从现实情况看，川渝两地与香港、新加坡的创新合作潜力巨大。从四川来看，香港拥有的一流自主创新能力和先进经验与四川庞大的市场规模形成互补，香港重点发展的人工智能与生物医药等相关产业在四川也具有良好的前景与空间；从重庆来看，中新（重庆）战略性互联互通示范项目的建立为重庆和新加坡之间的科技创新合作提供了巨大的机遇与可能。川渝地区应围绕发展先进生产力这一核心命题，抓住与沿海发达国家和地区的创新合作机遇，尤其要抓住与沿海先进地区对接最新科技创新成果这个重要环节，协同推动创新发展、开放发展。

第一，川渝地区可以利用"港澳研发、内地转化"这一发展模式，充分借鉴香港河套地区"港深创新及科技园"的成功经验，推动川渝与港澳地区、新加坡等发达国家和地区的创新合作，以此提升川渝地区的科技实力和竞争力，推动川渝开放水平提升。

第二，川渝两地可以在新加坡共建"创新飞地"，充分利用新加坡优良的创新环境为自身核心技术的孵化、科技瓶颈的突破以及高精尖人才的引进提供便利和支持，再通过相关举措促进创新成果在川渝两地转化和应用。

第三，川渝两地可以尝试与其他先进地区进行联合研发，如利用当前广东和香港共同对科研机构进行资助的机遇，尝试与广东、香港等地开展合作，围绕彼此共性需求共同开展科技创新研发。

2. 对接先进生产力，推动产业转型升级

对比我国沿海发达地区的创新环境和产业发展环境，川渝地区在房价、人才、多元文化、环境气候等方面具有一定优势，能在一定程度上吸引部分发达地区企业向川渝地区转移，例如，2014年深圳微芯生物科技股份有限公司就在成都高新区建设了新药研发中心，并将其作为公司最大的研发机构。川渝两地要利用自身比较优势，抓住发达地区产业跨梯度转移的机遇，针对特定产业生态圈建设等"痛点"，在优化创新环境和产业发展环境方面进行率先突破①。

---

① 四川日报.三问南向开放 三问路径：借"船"如何出海[EB/OL].(2018-08-30)[2023-11-30].https://epaper.scdaily.cn/shtml/scrb/20180830/198808.shtml.

目前的产业跨梯度转移与传统的伴随东部地区产业结构升级，某些相对落后产业向中西部地区转移的情况不完全相同。它综合了贴近市场和研发成本的双重考虑，使一些高端产业的高端环节从粤港澳等发达地区"溢出"到欠发达地区。沿海发达地区虽然创新创业环境较好，但出于研发成本考虑，部分企业愿意将其研发环节迁至创新环境大致能满足要求的内陆地区如成都或重庆。川渝两地要抓住目前产业跨梯度转移的机遇，对标沿海发达地区，加大优化营商环境的力度和步伐，大力清理阻碍科技创新企业向内地转移的制约因素，如不利的营商环境、产业链配套不完善、政策优惠不足等；通过优化营商环境、完善产业链配套、实施优惠政策等，形成有利于产业特别是高端产业发展的良好产业生态，推动跨梯度转移的高端产业或高端产业的高端环节在川渝地区落地、发展，由此推动川渝地区产业转型升级、竞争力增强，推动其开放水平跃升、经济高质量发展。

参考文献

[1] 彭德雷，张子琳. RCEP 核心数字贸易规则及其影响 [J]. 中国流通经济，2021，35（8）：18-29.

[2] 陈晨. RCEP 框架下中国新发展格局的塑造 [J]. 华南师范大学学报（社会科学版），2021（4）：31-41，205.

[3] 赵晶，曹晋丽，刘艺卓. RCEP 协定签署背景下人民币国际化的机遇、挑战与对策 [J]. 国际贸易，2021（6）：89-96.

[4] 彭继增，钟丽，曾琪. 内陆双向开放背景下中部地区高质量发展研究 [J]. 江西社会科学，2021，41（6）：66-76.

[5] 张鑫，杨兰品. 沿海、内陆、沿边自贸试验区开放优势特色与协同开放研究 [J]. 经济体制改革，2021（3）：59-64.

[6] 张文丽，张文霞，宋宜达. 新格局下内陆地区高水平对外开放研究：以山西省为例 [J]. 技术经济与管理研究，2021（5）：107-111.

[7] 袁明兰，张小玲. RCEP 签署带来的机遇、挑战及中国的策略选择 [J]. 价格理论与实践，2021（1）：82-86.

[8] 廖媛媛，马兰. RCEP 对中国金融业的影响 [J]. 中国金融，2021（7）：52-54.

[9] 白光裕. 中国区域开放战略的演进与成效分析 [J]. 区域经济评论，2019（5）：89-95.

[10] 丁国蕾，王晓光. "一带一路"建设与中西部内陆城市经济开放 [J]. 城市发展研究，2019，26（3）：10-14，20.

[11] 冯梦骐. 对我国内陆自由贸易港建设问题的思考 [J]. 管理现代化，2019，39（1）：30-32.

[12] 庞静. 我国的开放历程及"内陆开放区"界定 [J]. 农村经济与科技，2018，29（19）：274-276，283.

[13] 李娟，唐郪，姚星. 四川自贸试验区制度创新差异化路径研究

［J］. 国际贸易，2018（10）：58-62.

［14］陈继勇，蒋艳萍，陈大波. 构建内陆开放新高地：基于湖北深度融入"一带一路"建设视角［J］. 江汉论坛，2018（1）：34-39.

［15］张占仓. 中部打造内陆开放高地的主体思路［J］. 区域经济评论，2018（1）：27-28.

［16］赵盼欣. 我国内陆开放进程回顾及发展机制探究［J］. 经济研究导刊，2016（16）：156-157.

［17］张婷，程健. 内陆开放型经济的困局及其模式创新［J］. 国际经济合作，2015（1）：51-55.

［18］高传华. 内陆自贸区与开放新优势培育［J］. 开放导报，2014（4）：44-46.

［19］白鹤祥. 内陆开放下的贸易融资［J］. 中国金融，2014（13）：53-55.

［20］程健，韦寅蕾，邢珺. 内陆地区扩大开放的问题与对策［J］. 经济纵横，2014（4）：16-19.

［21］王骏. 论内陆开放模式创新的指向［J］. 西南大学学报（社会科学版），2014，40（2）：68-76，182.

［22］程健，邢珺. 内陆开放面临的矛盾与创新［J］. 开放导报，2013（6）：43-45.

［23］程健，邢珺，邸兹玮. 内陆地区开放型经济发展的困局与创新［J］. 生态经济，2013（11）：60-62，78.

［24］宋晓舒. 河南省建设内陆经济开放高地竞争优势分析［J］. 商业时代，2013（26）：133-135.

［25］易小光. 内陆城市开放路径探析［J］. 重庆大学学报（社会科学版），2012，18（6）：1-7.

［26］王骏. 论重庆建设内陆开放高地的四大资源体系［J］. 重庆大学学报（社会科学版），2012，18（6）：8-14.

［27］杨钢，蒋华. 充分开放：内陆地区快速崛起的现实路径［J］. 求是，2012（14）：30-32.

［28］伍学林. 西部内陆地区开放与开发协调联动［J］. 财经科学，2011（8）：87-92.

［29］"后来居上阶段目标与战略举措研究"课题组. 内陆开放区的阶段

目标与战略举措：两江新区例证［J］. 重庆社会科学，2011（7）：83-91.

　　［30］吴言荪，邢慧慧. 建设内陆开放高地的战略思考［J］. 中国科技论坛，2011（1）：112-117.

　　［31］刘健，朱薇，徐旭忠. "内陆开放高地" 渐崛起［J］. 瞭望，2010（16）：32.

　　［32］朱英培，郭登昊，肖四如，等. 对外开放：理论、历程与对策：对策篇：闯出一条内陆省开放之路［J］. 企业经济，1995（11）：8-13.

后 记

  本书是中共四川省委党校、四川行政学院 2021 年重大研究项目"RCEP 视野下的内陆开放理论与实践研究"的最终成果。

  《RCEP 视野下的内陆开放理论与实践研究》以 2022 年 1 月 1 日起正式生效运行的《区域全面经济伙伴关系协定》（RCEP）为研究背景，以有关内陆地区开放发展的重要文献、学术界有关内陆开放的研究文献为基础，以中央有关法规、文件为依据，通过归纳整理和比较分析，从中归纳经验、探寻规律，为相关研究提供学理支撑。同时，本书对中央及内陆省份对外开放的相关政策、法规、举措进行聚类研究、举措分析，以明确内陆地区对外开放情况和相关政策法规、举措及其贯彻落实情况、效度情况。此外，本书通过对我国内陆省份开放发展的共性和经验进行分析，明确了内陆开放发展中的不足及制约因素，形成了 RCEP 背景下具有针对性、可行性和完备性的助推我国内陆地区开放发展的路径，构建了内陆地区开放发展的长效制度保障，并且对我国内陆省份中的川渝地区推进进一步扩大开放、实现高水平开放提出了对策建议。本书旨在从理论角度丰富和发展开放经济理论，从实践层面为我国内陆地区开放发展提供参照文本，为川渝地区及其他内陆省份的开放发展提供参考和借鉴。

  本书的研究过程中，除笔者外，中共四川省委党校硕士研究生李静、封宇琴、徐苗参与了资料收集整理、调查研究等工作以及少量文字撰写工作；中共四川省委党校、四川行政学院徐林副教授对本书的研究工作给予了多方面的支持。感谢上述同学、同事对本书研究工作的付出和大力支持！同时，西南财经大学出版社为本书的出版做了大量深入细致的工作，感谢出版社工作人员付出的辛勤劳动！

本书的研究工作量较大，研究时间有限，加之作者能力有限，呈现在读者面前的成果难免存在疏漏，不足之处敬请批评指正。

丁英

2024 年 8 月